Arne Pokrandt

Konzeption und Aufbau eines Franchisesystems in der Gastronomie

AF144334

IGEL Verlag

Pokrandt, Arne

Konzeption und Aufbau eines Franchisesystems in der Gastronomie

1. Auflage 2008 | ISBN: 978-3-86815-047-6

© IGEL Verlag GmbH , 2008. Alle Rechte vorbehalten.

Die Deutsche Bibliothek verzeichnet diesen Titel in der Deutschen Nationalbib-
liografie. Bibliografische Daten sind unter http://dnb.ddb.de verfügbar.

IGEL Verlag

Inhaltsverzeichnis

Abbildungsverzeichnis:

Abkürzungsverzeichnis

BGB	Bürgerliches Gesetzbuch
CC	Corporate Communications
CD	Corporate Design
CI	Corporate Identity
CRM	Customer Relationship Management
DFV	Deutscher Franchise-Verband
DPA	Deutsches Patent- und Markenamt
DtA	Deutsche Ausgleichsbank
EDV	Elektronische Datenverarbeitung
EFF	European Franchise Association
e.V.	Eingetragener Verein
HGB	Handelsgesetzbuch
KfW	Kreditanstalt für Wiederaufbau
MarkenG	Markengesetz
OLG	Oberlandesgericht
PR	Public Relations
WIPO	World Intellectual Property Organization

1 Einleitung

Hersteller eines Produktes oder einer Dienstleistung können bei der Absatzgestaltung auf eine Bandbreite verschiedener Organisationsformen zurückgreifen. Vertikale Marketingsysteme haben sich in der Vergangenheit als Alternative zu konventionellen Distributionssystemen erwiesen.[1] Vor allem das Franchising, welches in der Vergangenheit eher einen Nischencharakter besaß, hat in seiner Bedeutung als Vertriebsform für Waren und Dienstleistungen zugenommen. Kürzer werdende Lebenszyklen von Produkten und Geschäftstypen sowie steigende Aufwendungen für Markteinführungen sind für Unternehmen mit wachsenden finanziellen Anforderungen verbunden und lassen diese auf das Franchising zurückgreifen.[2] In der Bundesrepublik Deutschland verzeichnete die Franchise-Wirtschaft im Vergleich zur Gesamtwirtschaft in den vergangenen Jahren ein bemerkenswertes Wachstum. Derzeitig ist Deutschland der Markt mit der größten Dichte an Franchise-Betrieben in Europa, sowohl auf die Anzahl der Franchise-Systeme als auch auf die der Franchise-Nehmer bezogen.[3] Im Jahre 2006 stieg die Zahl der Franchise-Systeme auf 900 und die der Franchise-Nehmer auf über 51 000. Insgesamt werden in der Franchise-Wirtschaft mehr als 429 000 Arbeitnehmer beschäftigt. In den USA erlangte die moderne Ausprägung des Franchising schon in den 50er Jahren Bekanntheit und wurde später vor allem durch Ray Kroc und seiner Kette McDonald's in nahezu alle Länder der Welt exportiert.

Gerade für kleine und mittelständische Firmen eignet sich das Franchising als geeignete Expansionsstrategie, ohne dabei die eigenen Mittel und Ressourcen zu überfordern.[4] Dabei bieten sich Franchise-Gebern verschiedene Gestaltungsmöglichkeiten, die eine Marktdurchdringung ermöglichen. Darüber hinaus lassen sich Probleme, die mit einer Filialisierung verbunden sind, reduzieren. Trotz der wachsenden Bedeutung des Franchising mangelt es immer noch an Publikationen über die Konzeption und den Aufbau von Franchise-Systemen. Für den Praktiker ist es von großer Bedeutung, die Erfolgsaussichten, die einzelnen Schritte und deren Umfang, die zum

---

[1] Vgl. Kotler, P.; Bliemel, F.: Marketing-Management, 1999, S. 846.
[2] Vgl. Flohr, E.: Franchisevertrag, 2006, S. 1.
[3] Vgl. o.V.: Info-Paket des Deutschen Franchise-Verband e.V., DFV, 24.01.2008, S. 22.
[4] Vgl. Hofer, S.: Zukunftstrend Franchising, 2007, S. 1.

1

Aufbau eines Systems notwendig sind, vorab einschätzen zu können, denn das Revidieren der gewählten Organisationsform ist häufig mit hohem Aufwand und Kosten verbunden.

Zielsetzung dieser Untersuchung ist es, die notwendigen Schritte für den Aufbau eines Franchise-Systems aufzuzeigen. Zugleich dient diese Ausarbeitung als Leitfaden für den Ausbau eines jungen Unternehmens aus der Gastronomie, das derzeitig über einen Franchise-Partner verfügt und zukünftig eine weitere Expansion anstrebt.

2 Theoretischer Hintergrund

2.1 Grundlagen des Franchising

Ziel des ersten Abschnitts ist es, einen theoretischen Überblick über die Entstehung sowie Definitionen und Motive des Franchising zu geben. Im zweiten Schritt erfolgt eine Abgrenzung zu verwandten Vertriebsformen und eine Beschreibung der verschiedenen Typologien des Franchising.

2.1.1 Entwicklung und Geschichte des Franchising

Ursprünglich entstammt das Wort „Franchise" der französischen Sprache und wird mit der Bedeutung eines Privilegs bzw. der Befreiung von Zöllen und Steuern übersetzt.[5] Im 12. Jahrhundert wurde zum ersten Mal eine formelle Ausgestaltung der Franchise, so genannte „Chartes de Franchise" vollzogen. Diese Ausgestaltung ermöglichte es weltlichen und geistlichen Machthabern, ihren Untertanen gegen eine Gebühr oder Dienstleistungen, das Recht auf die Nutzung von land- oder forstwirtschaftlichen Flächen zu übertragen.

Im 17. und 18. Jahrhundert wurde die Bedeutung des Begriffs „Franchising" in Großbritannien und Frankreich erweitert.[6] Franchising bezeichnete nun auch das vom Staat verliehene Recht, Produkte zu produzieren und diese zu vertreiben. Die heutige Form des Franchising entstand gegen Ende des 19. Jahrhundert in den USA.[7] Coca-Cola schloss bereits im Jahre 1892 den ersten langfristigen Vertrag über den Vertrieb von Produkten mit einem Unternehmen in Boston ab. *Skaupy* hingegen, sieht Automobilproduzenten als die ersten Franchise-Geber, die Anfang des 19. Jahrhunderts ihre Händlersysteme nach dem Franchise-Prinzip organisierten.[8] Im Zentrum dieser Vertriebssysteme stand das Produkt, aus diesem Grund wird diese Form auch „Product Distribution Franchising" genannt.

Vor allem in den 50er Jahren des 19. Jahrhunderts entwickelte sich eine weitere Typologie, das „Business Format Franchising".[9] In

---

5 Vgl. Kunkel, M.: Franchising und asymmetrische Informationen, 1994, S. 7.
6 Vgl. Dieses, P.: Zukunft des Franchising in Deutschland, 2004, S. 4.
7 Vgl. Kaub, E.: Franchising in der Gastronomie, 1980, S. 8.
8 Vgl. Skaupy, W.: Franchising, 1995, S. 2.
9 Vgl. Dieses, P.: Zukunft des Franchising in Deutschland, 2004, S. 7./ vgl. Kaub, E.: Franchise-Systeme in der Gastronomie, 1980, S. 7.

Westeuropa setzte sich diese neue Form, bei der ein gesamtes Business-Konzept weitergegeben wird, erst Anfang der 60er Jahre durch. Zu den Franchise-Vorreitern in Europa zählten vor allem die Länder Frankreich und Großbritannien. Im deutschen Wirtschaftsraum etablierten sich erst Ende der 60er Jahre die ersten Franchise-Systeme.

2.1.2 Definition und Merkmale

In der Literatur lässt sich keine einheitliche Definition des Begriffs „Franchising" finden. Es existieren mehrere Begriffsabgrenzungen, die sich teilweise sehr ähneln.[10] Eine kurze und präzise Begriffsbestimmung kann in erster Linie aufgrund der Komplexität und verschiedenen Gestaltungsmöglichkeiten der realen Franchise-Systeme nicht erfolgen.[11] Grundsätzlich ist anzumerken, dass es unterschiedliche Auffassungen über die Merkmale eines Franchise-Systems in den USA, Europa und Deutschland gibt. *Kaub* führt als möglichen Grund die Bedeutung unterschiedlicher Kooperationsformen (z.B. Genossenschaften und freiwillige Ketten) an.[12] Die European Franchise Federation, die sich aus den nationalen europäischen Franchise-Verbänden zusammensetzt, definiert den Begriff des „Franchising" folgendermaßen:

„Franchising ist ein Vertriebssystem, durch das Waren und/oder Dienstleistungen und/oder Technologien vermarktet werden. Es gründet sich auf eine enge und fortlaufende Zusammenarbeit rechtlich und finanziell selbstständiger und unabhängiger Unternehmen, den Franchisegeber und seine Franchisenehmer. Der Franchisegeber gewährt seinen Franchisenehmern das Recht und legt ihnen gleichzeitig die Verpflichtung auf, ein Geschäft entsprechend seinem Konzept zu betreiben. Dieses Recht berechtigt und verpflichtet den Franchisenehmer, gegen ein direktes oder indirektes Entgelt im Rahmen und für die Dauer eines schriftlichen, zu diesem Zweck zwischen den Parteien abgeschlossenen Franchise-Vertrags bei laufender technischer und betriebswirtschaftlicher Unterstützung durch den Franchisegeber, den Systemnamen und/oder das Warenzeichen und/oder die Dienstleistungsmarke und/oder andere gewerbliche Schutz- oder Urheberrechte sowie das Know-how, die

---

10 Vgl. Dieses, P.: Zukunft des Franchising in Deutschland, 2004, S. 7./ vgl. Kaub, E.: Franchise-Systeme in der Gastronomie, 1980, S. 12.
11 Vgl. Kubitschek, C.: Franchising, 2000, S. 15.
12 Vgl. Kaub, E.: Franchise-Systeme in der Gastronomie, 1980, S. 14.

wirtschaftlichen und technischen Methoden und das Geschäftssystem des Franchisegebers zu nutzen."[13]

Gemäß dem Deutschen Franchise-Verband e.V. gelten alle Vertriebsformen als

Franchise-Systeme, die folgender Definition entsprechen:

„Franchising ist ein vertikal-kooperativ organisiertes Absatzsystem rechtlich selbstständiger Unternehmer auf der Basis eines vertraglichen Dauerschuldverhältnisses. Dieses System tritt auf dem Markt einheitlich auf und wird geprägt durch das arbeitsteilige Leistungsprogramm der Systempartner sowie durch ein Weisungs- und Kontrollsystem zur Sicherstellung eines systemkonformen Verhaltens. Das Leistungsprogramm des Franchise-Gebers besteht aus einem Beschaffungs-, Absatz- und Organisationskonzept, dem Nutzungsrecht an Schutzrechten, der Ausbildung des Franchise-Nehmers und der Verpflichtung des Franchise-Gebers, den Franchise-Nehmer laufend und aktiv zu unterstützen und das Konzept ständig weiterzuentwickeln. Der Franchise-Nehmer ist im eigenen Namen und auf eigene Rechnung tätig; er hat das Recht und die Pflicht, das Franchise-Paket gegen Entgelt zu nutzen. Als Leistungsbeitrag liefert er Arbeit, Kapital und Information."[14]

Trotz der unterschiedlichen Auffassungen lassen sich auch Merkmale identifizieren, die von allen Wissenschaftlern, Richtern und Franchise-Praktikern übereinstimmend der inhaltlichen Bestimmung des Franchising dienen:

1.) die Entgeltregelung,

2.) der Name, die Marke und das Zeichen des Franchise-Gebers,

3.) die Nutzungsrechte des Franchise-Nehmers an den Schutzrechten und dem Leistungsprogramm des Franchise-Gebers,

4.) die Erklärung der Verbindlichkeit des Absatz- und Organisationskonzeptes und

5.) die rechtliche Selbständigkeit der Systempartner.[15]

Häufig wird im Zusammenhang mit Franchising auch von der Überlassung eines Know-hows gesprochen: „Know-how bedeutet ein

---

[13] o.V.: Ethikkodex für Mitglieder und assoziierte Mitglieder, DFV, 13.11.1007, S. 1.

[14] o.V.: Existenzgründung mit System, DFV, 13.11.2007, S. 4.

[15] Kaub, E.: Franchising in der Gastronomie, 1980, S. 23.

Paket von nichtpatentierten praktischen Kenntnissen, die auf Erfahrungen des Franchise-Gebers und Erprobungen durch diesen beruhen und die geheim, wesentlich und identifiziert sind."[16] Der Know-how-Begriff wird im folgenden Abschnitt ausführlicher erläutert.

2.2 Abgrenzung des Franchise-Systems gegenüber anderen Vertriebsformen

Ein besseres Verständnis des Franchising ermöglicht die Abgrenzung zu anderen Vertriebsformen.[17] Vor allem für den Franchise-Praktiker müssen die Abgrenzungen klar ersichtlich sein, damit er Missverständnisse bei seinen Partnern vermeidet und selbst keine Erwartungen an diese Vertriebsform stellt, die diese nicht erfüllen kann.[18] Dieses betrifft vor allem die dem Franchising ähnlichen Systeme (Filialsystem, Lizenz- und Know-how-Verträge, Agentur-System und Verbundsystem). Es ist zu erwähnen, dass in der Praxis auch Mischformen vertreten sind, die z.B. teilweise nach dem Filialsystem und nach dem Franchise-System organisiert sind. Andere Vertriebskonzepte, die einen horizontalen Charakter besitzen, wie z.B. Joint-Venture-Systeme, sollen hier nicht erläutert werden.

Die Abgrenzung der einzelnen Systeme erfolgte in der Vergangenheit durch verschiedene Autoren anhand des Zentralisierungsgrades.[19] Diese Abgrenzung übersah jedoch die Ursachen und Auswirkungsgrade der jeweiligen Zentralisierung.[20] Aus diesem Grund erfolgt die Abgrenzung hier anhand unterschiedlicher Kriterien.

2.2.1 Filialsystem

Von außen betrachtet ist das Filialsystem nur schwer von der Vertriebsform Franchising zu unterscheiden und vermittelt in vielen Fällen durch die auffällige Platzierung des Markenzeichens den Eindruck eines Franchise-Systems. Wesentliche Unterschiede bestehen in den Eigentums- und Kapitalstrukturen, aus denen auch

---

16 o.V.: Ethikkodex für Mitglieder und assoziierte Mitglieder, DFV, 13.11.1007, S. 1.
17 Vgl. Clemens, R.: Die Bedeutung des Franchising in der Bundesrepublik Deutschland, 1988, S. 15.
18 Vgl. Lang, H.: Franchising in der Krise, 2003, S. 551.
19 Vgl. Meurer, J.: Führung von Franchisesystemen, 1997, S. 1./ vgl. Martinek, M.: Franchising, 1987, S. 297 ff.
20 Vgl. Kubitschek, C.: Franchising, 2000, S. 30.

unterschiedliche Entlohnungsformen resultieren.[21] Der Filialleiter agiert in der Regel als Angestellter und trägt somit kein Konkursrisiko. Er kann aber durchaus Beteiligungen, wie z.b. Aktien des Gesamtunternehmens, besitzen.[22] Im Gegensatz zum Franchise-Nehmer muss der Filialleiter keine Eintrittsgebühr entrichten. Während der Leiter in der Regel ein fixes Gehalt erhält, das durch erfolgsabhängige Komponenten ergänzt werden kann, muss der

Franchise-Nehmer einen Gewinn erwirtschaften, der ihm einen Lohn zusichert.[23]

Die Entscheidung zwischen Filialbetrieben und Franchise-Nehmern wird in der Literatur häufig diskutiert. *Kaub* sieht als wesentliche Vorteile des Franchise-Systems die unternehmerische Initiative sowie die hohe Systembindung durch den Systempartner.[24] *Gross* und *Skaupy* argumentieren hingegen, dass Filialen im Vergleich zu Franchisen einen größeren Umsatz erzielen und sich schärfer kontrollieren lassen.[25] Zudem sind Franchise-Nehmer nicht selten zu starke Individualisten und gefährden dadurch den Gesamterfolg des Unternehmens. Mittlerweile findet man viele Unternehmensbeispiele, wie z.b. McDonald's, bei dem das Vertriebssystem teilweise nach dem Franchise-Prinzip und teils nach einem Filialsystem organisiert ist.

2.2.2 Agentur und Handelsvertreter

Die Basis eines Agentursystems ist die Verpflichtung zum Absatz von Waren und Dienstleistungen des Herstellers. Der Agent ist rechtlich und wirtschaftlich selbstständig und nimmt im Namen und auf Rechnung des Herstellers Geschäftsabschlüsse vor, für die er eine Provision erhält.[26] Der Hersteller verleiht dem Agenten gemäß § 84 HGB den Status eines Handelsvertreters.[27] In der Regel besteht zwischen dem Handelsvertreter und dem Unternehmen ein auf Dauer angelegtes Vertragsschuldverhältnis nach § 611, 675 BGB. Der Handelsvertreter ist zwar steuer-, handels- und gewerberecht-

---

[21] Vgl. Dieses, P.: Zukunft des Franchising in Deutschland, 2004, S. 15.

[22] Vgl. Kubitschek, C.: Franchising, 2000, S. 34 f.

[23] Vgl. Skaupy, W.: Franchising, 1995, S. 16.

[24] Vgl. Kaub, E.: Franchising in der Gastronomie, 1980, S. 57.

[25] Vgl. Gross, H.; Skaupy, W.: Franchising in der Praxis, 1976, S. 39.

[26] Vgl. Kaub, E.: Franchising in der Gastronomie, 1995, S. 27.

[27] Vgl. Clemens, R.: Die Bedeutung des Franchising in der Bundesrepublik Deutschland, 1988, S. 17.

lich ein Kaufmann, jedoch findet diese Selbstständigkeit bei den von ihm vermittelten oder abgeschlossenen Geschäften keine Anwendung.[28]

Im Vergleich zum Franchise-Nehmer trägt der Handelsvertreter kein geschäftliches Risiko und handelt zwar im eigenen Namen, aber auf Rechnung des Herstellers. Weiterhin ist der Hersteller in der Lage, dem Handelsvertreter Preise aufzuerlegen.[29] Der Handelsvertreter kann auch für Konkurrenzunternehmen tätig werden, dieses erfordert jedoch eine Zustimmung des jeweiligen Herstellers. Eine weitere Unterscheidung erfolgt zwischen den reinen Vermittlungsvertretern und Abschlussagenten.[30] Neben der starken rechtlichen Regulation sind von den Unternehmen auch Sozialversicherungsbeiträge für den Handelsvertreter zu entrichten. Bekannte Beispiele für das Handelsvertretersystem finden sich in der Versicherungsbranche.

2.2.3 Lizenz- und Know-how-Verträge

Lizenz- und Know-how-Vereinbarungen beziehen sich auf die Überlassung gewerblicher Schutzrechte (Warenzeichen, Patente bzw. auf die Weitergabe technischen und gewerblichen Knowhows).[31] Diese beiden Vertragstypen werden häufig im Zusammenhang erwähnt, sind aber grundverschieden.[32] Der Lizenzvertrag verpflichtet den Lizenzgeber grundsätzlich nur zur Bereitstellung seiner Schutzrechte und zum Dulden des Gebrauchs durch den Lizenznehmer. Im Know-how-Vertrag übernimmt der Geber eine aktivere Rolle und steht dem Know-how-Nehmer mit Unterweisung und Schulung zur Seite. Im Rahmen dieser Untersuchung werden beide Vertragsformen erwähnt, da sie häufig Bestandteile von Franchise-Verträgen sind.[33] Vor allem bei Lizenz-Verträgen handelt es sich nicht selten um Franchise-Verträge.

Ein wesentlicher Unterschied zum Franchise-System liegt in der passiven Rolle des Lizenzgebers, denn dem Lizenznehmer wird kein Marketing- und Organisationskonzept zur Verfügung gestellt.

---

28 Vgl. Dieses, P.: Zukunft des Franchising in Deutschland, 2004, S. 18.
29 Vgl. Skaupy, W.: Franchising, 1995, S. 16.
30 Vgl. Wildhaber, C.: Franchising als Wachstumsstrategie, 2003, S. 37.
31 Vgl. Kaub, E.: Franchising in der Gastronomie, 1995, S. 59.
32 Vgl. Gross, H.; Skaupy, W.: Franchising in der Praxis, 1976, S. 274.
33 Vgl. Martinek, M.: Franchising, 1987, S. 267.

Zwar sind Lizenznehmer und Lizenzgeber in der Regel selbstständige Unternehmer, jedoch verfügt der Lizenzgeber über keinerlei Weisungs- und Kontrollrechte.[34] Gemischte Lizenzsysteme bieten in einigen Fällen kleinere Marketingkonzepte an, die jedoch keinen fakultativen Charakter besitzen.[35]

2.2.4 Verbundgruppensystem

Verbundgruppen werden häufig auch als Quasi-Franchising bezeichnet. Zu ihnen zählen Einkaufskontore, Einkaufs- und Marketingverbunde und freiwillige Ketten.[36] Die Entwicklung dieser Kooperationsform ist sehr eng mit der gestiegenen Wettbewerbsdynamik verbunden. Ursprünglich schloss sich diese Kooperationsform zusammen, um Einkaufsvorteile zu erzielen. Seit den 70er Jahren haben sich die Einkaufszusammenschlüsse in ihrer Funktion und Struktur immer weiter den vertriebsvertraglichen

Franchise-Systemen angenähert. Dieser Wandel führte von einem eher defensiven zum aktiven Marktverhalten. Dem Strukturwandel entsprechend haben z.B. die Zentralen der freiwilligen Ketten umfassende Marketingstrategien zur Förderung des Absatzes entwickelt. Diese Entwicklung hat dazu geführt, dass eine Abgrenzung dieser Kooperationsform in „vertikal" oder „horizontal" kaum noch möglich ist.[37]

---

[34] Vgl. Dieses, P.: Zukunft des Franchising in Deutschland, 2004, S. 18.
[35] Vgl. Kutta, D.; Mühlhaus, K.: Gründung und Franchising 2007/2008, 2005, S. 174 f.
[36] Vgl. Olesch, G.; Harald, E.: Das Management von Verbundsgruppen, 2003, S. 17.
[37] Vgl. Martinek, M.: Franchising, 1987, S. 81 f.

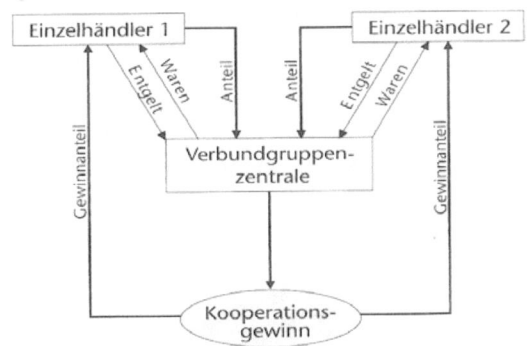

Abb. 1 Redistributive Beziehungen in Verbundgruppen
(Quelle: Markmann, F.; Olesch, G.: Franchisesysteme und Verbundgruppen, 2001, S. 107.)

Für den Einkauf von Waren erhalten die Verbundzentralen ein Entgelt, von dem sie am Ende des Geschäftsjahres einen Gewinnanteil erhalten. Weitere wesentliche Unterschiede zwischen Verbundgruppen und Franchise-Systemen bestehen in der wirtschaftlichen Abhängigkeit und in den Weisungs- und Kontrollrechten. In Verbundgruppen sind die Mitglieder zugleich Eigentümer der Systemzentrale.[38] Im Gegensatz zum Franchising schließt das Selbstverständnis der Verbundgruppen, ein Weisungs- und Kontrollrecht aus.[39] Weiterhin können Franchise-Nehmer vertraglich verpflichtet werden, Produkte vom Franchise-Geber abzunehmen. In Verbundsystemen hingegen, entscheiden die Kooperationspartner über die Abnahme der Produkte.[40] Zu den bekanntesten Vertretern dieser Kooperationsform zählen Edeka und Rewe.

2.3 Typologien des Franchising

Franchise-Systeme umfassen ein sehr weites und heterogenes Feld, deshalb ist eine Unterteilung für ein verbessertes Verständnis hilfreich.[41] Die internationale Literatur sorgt für einige Sprachverwirrung und die Typologisierung der einzelnen Systeme erfolgt häufig

---

[38] Vgl. Dieses, P.: Zukunft des Franchising in Deutschland, 2004, S. 17.
[39] Vgl. Olesch, G.; Ewig, H.: Das Management von Verbundsgruppen, 2003, S. 44./ vgl. Tietz, B.: Zukunftsstrategien für den Handel, 1993, S. 496.
[40] Vgl. Markmann, F.; Olesch, G.: Franchisesysteme und Verbundsgruppen, 2001, S. 130.
[41] Vgl. Stein, G.: Franchisingnetzwerke im Dienstleitungsbereich, 1996, S. 15.

anhand verschiedener Kriterien.[42] Darüber hinaus unterscheiden sich die amerikanischen Typologien wesentlich von der deutschen Systematisierung.[43] Die Ursachen lassen sich auf die große Anzahl der Erscheinungsformen sowie deren ständige Weiterentwicklung, aber auch auf die unterschiedlichen gesetzlichen Rahmenbedingungen in den einzelnen Ländern zurückführen. *Knigge* argumentiert, dass in der Wirtschaft z. T. auch ein bewusst irreführender Gebrauch betrieben worden ist, der für zusätzliche Verwirrung sorgt.[44] Die folgende Typologisierung erfolgt anhand der Leistungssubstanz.

2.3.1 Produkt-, Dienstleistungs- und Vertriebsfranchising

Beim Produktfranchising wird dem Franchise-Nehmer das Know-how zur Produktion und zum Vertrieb von Produkten überlassen. Im Zusammenhang mit Produktfranchising wird auch vom Industrie- oder Warenfranchising gesprochen.[45] Der wesentliche Unterschied zum Lizenzvertrag liegt im Marketing- und Organisationskonzept, das vom Franchise-Geber bereitgestellt wird. Diese Form des Franchising ist im Gegensatz zu dem Vertriebs- und Dienstleistungsfranchising wenig verbreitet. Ein bekanntes Beispiel für diese Typologie ist der Coca-Cola-Konzern. Die Wahl fällt in vielen Fällen vor allem auf das Produktfranchising, um den Produktionsstandort dem Ort des Verkaufs anzunähern und somit Kosten zu reduzieren.[46]

Das Dienstleistungsfranchising zählt im Vergleich zum Produktfranchising notwendigerweise zum „Business Format Franchising".[47] Diese Form des Franchising erstreckt sich, über das eigentliche Produkt hinaus, auch auf andere Funktionen und enthält ein Franchise-Paket, das eine umfassende Regulierung und Kontrolle gewährleisten soll. Das Dienstleistungsfranchising erstreckt sich über verschiedene Geschäftszweige. Besonders in der Gastronomie finden sich zahlreiche Beispiele, wie z.B. McDonald's und Burger

---

[42] Vgl. Martinek, M.: Franchising, 1987, S. 155 ff.

[43] Vgl. Hanrieder, M.: Franchising Planung und Praxis, 1991, S. 11.

[44] Vgl. Knigge, J.: Franchise-Systeme im Dienstleistungssektor, 1973, S. 30.

[45] Vgl. Skaupy, W.: Franchising, 1995, S. 32 f./ vgl. Martinek, M.: Franchising, 1987, S. 155 f.

[46] Vgl. Rothenberg, A.: A Fresh Look at Franchising, 1967, S. 54.

[47] Vgl. Sydow, J.; Kloyer, M.: Managementpraktiken in Franchisenetzwerken, 1995, S. 26.

King. Numerisch steht das Dienstleistungsfranchising in Deutschland derzeitig an erster Stelle und gewinnt weiterhin an Bedeutung.[48]

Beim Vertriebsfranchising findet keine Veränderung des Produktes statt, sondern nur ein Vertrieb in seiner originären Form.[49] Das Recht zum Vertrieb kann sowohl vom eigentlichen Hersteller als auch von einem Verteiler gewährt werden. In der Praxis ist diese Form des Franchising vor allem im Handel zu finden. Ein bekanntes Beispiel ist das Unternehmen Yves Rocher.

2.3.2 Weitere Typologien des Franchising

Abgesehen von der Leistungssubstanz lassen sich Franchise-Systeme auch nach ihrem Umfang typologisieren.[50] In diesem Zusammenhang wird zwischen Voll-, Abteilungs- und Shop-in-Shop-Franchisen unterschieden. Bei einer Voll-Franchise führt der Franchise-Nehmer seinen Betrieb in vollem Umfang und nach dem vorgegebenen Geschäftskonzept als selbstständige wirtschaftliche Einheit und auf eigenes Risiko. Abteilungs-Franchisen werden auch als Mini-Franchisen bezeichnet, bei denen beispielsweise einem bereits bestehenden Unternehmen die Lizenz für die Einrichtung einer verwandten Abteilung mit einem ergänzenden Sortiment gewährt wird.[51] Das Konzept der Mini-Franchise wird auch bei Shop-in-Shop-Konzepten in Warenhäusern oder Einzelhandelsbetrieben angewandt. Der Inhaber eines solchen Shops kann sowohl Franchise-Nehmer des Warenhauses bzw. Einzelhandelbetriebes sein als auch Systempartner eines externen Franchise-Gebers.[52] *Martinek* argumentiert hingegen, dass es sich bei vielen so genannten Shop-in-Shop-Konzepten letztendlich nicht um Franchise-Systeme handelt, sondern um einfache Mietverhältnisse, bei denen die Inhaber die Verkaufsflächen anmieten, um eigene Produkte und Dienstleistungen anzubieten.[53]

---

48 Vgl. Ditges, F.: Franchising, 2005, S. 27 f.
49 Vgl. Arnold, J.: Das Franchise-Seminar, 1997, S. 12.
50 Vgl. Skaupy, W.: Franchising, 1995, S. 34 ff.
51 Vgl. Clemens, R.: Die Bedeutung des Franchising in der Bundesrepublik Deutschland, 1988, S. 14.
52 Vgl. Skaupy, W.: Franchising, 1995, S. 35.
53 Vgl. Martinek, M.: Franchising, 1987, S. 158.

Das Zusammenwirken der Geschäftspartner geschieht in der Praxis auf verschiedenen Vertriebsstufen, die eine weitere Typologisierung zulassen. Grundsätzlich wird zwischen vier verschiedenen Typen unterschieden:

1. Hersteller/Einzelhändler
2. Hersteller/Großhändler
3. Systeminhaber/Einzelhändler, Großhändler
4. Großhändler/Einzelhändler[54]

Eine weitere Systematisierung erfolgt anhand der Entscheidungsbefugnisse zwischen Franchise-Geber und Franchise-Nehmer.[55] Es wird in diesem Zusammenhang zwischen Subordinations- und Partnerschafts-Franchising unterschieden. Beim Subordinations-Franchising wird der Franchise-Nehmer dominiert und unterliegt den Weisungen und der Kontrolle des Franchise-Gebers. Das Partnerschafts-Franchising hingegen ist durch ein gleichberechtigtes Zusammenwirken der Vertragpartner bei der Systemsteuerung sowie der Weiterentwicklung der Marketingkonzeption gekennzeichnet.[56]

In der Praxis führen Systempartner einen oder mehrere Betriebe. Es wird somit zwischen Einzelbetriebsfranchising (Single-Unit-Franchising) und Mehrbetriebsfranchising (Multi-Unit-Franchising) unterschieden.[57] Bei dem so genannten „pluri-franchise", das als neue Typologie in den letzten Jahren in Frankreich entstanden ist, werden Franchise-Nehmer in verschiedenen Systemen aktiv und eröffnen mehrere Betriebe unterschiedlicher Franchisen.[58]

Das Investitionsfranchising ist als eine weitere Form zu erwähnen, bei dem größere Gesellschaften oder juristische Personen, Investitionen in ein Franchise-System tätigen. Die Leitung der Betriebe wird in der Regel an spezielle Geschäftsführer oder Gesellschaften übertragen.

---

[54] Vgl. Hanrieder, M.: Franchising Planung und Praxis, 1991, S. 11.
[55] Vgl. Martinek, M.: Franchising, 1987, S. 159./ vgl. Dieses, P.: Zukunft des Franchising in Deutsch-land, 2004, S. 21.
[56] Vgl. Martinek, M.: Franchising, 1987, S. 159.
[57] Vgl. Dieses, P.: Zukunft des Franchising in Deutschland, 2004, S. 21 f.
[58] Vgl. Skaupy, W.: Franchising, 1995, S. 36.

13

Das Master-Franchising stellt eine weitere spezielle Typologie dar, die vor allem bei internationalen Expansionen eingesetzt wird.[59] Im Rahmen der internationalen Expan-sion gründet der Franchise-Geber eine neue Auslandstochter oder arbeitet mit einem unabhängigen Geschäftsmann zusammen, der das Recht erwirbt, mit dem Franchise-Paket neue Betriebe zu eröffnen und neue Franchise-Nehmer zu akquirieren. Der Einsatz des Master-Franchising ist auch im eigenen Staatsgebiet des Franchise-Gebers denkbar, um z.B. größere Regionen zu erschließen.

2.4 Vorteile und Nachteile des Franchising

2.4.1 Systemvorteile des Franchise-Gebers

Zu den Vorteilen des Franchise-Gebers zählen vor allem finanzwirtschaftliche Aspekte. Für eine Expansion benötigt ein Unternehmen finanzielle Ressourcen, die durch den Franchise-Nehmer bereitgestellt werden.[60] Vor allem kleine Unternehmen sehen diese Vertriebsform als Kapitalmobilisierungsfunktion. Der Franchise-Nehmer entrichtet in der Regel eine Eintrittsgebühr, die den Franchise-Geber für seine Aufwendungen entschädigt. Weiterhin verpflichtet sich der Franchise-Nehmer zur Entrichtung einer laufenden Gebühr an die Franchise-Zentrale, die dem Eigentümer Einnahmen zuführt und eine Expansion des Systems ermöglicht.

Der Aufbau eines Vertriebsnetzes ist häufig mit hohen Personalkosten verbunden und führt schnell zu Restriktionen. Der Systeminhaber reduziert durch das Franchising seinen Personalbedarf.[61]

Franchise-Geber haben die Möglichkeit mithilfe von Vertriebspartnern über nationale Grenzen hinaus zu expandieren. Das Wissen der Franchise-Nehmer über nationale Märkte oder lokale Besonderheiten kann die Expansion vorteilhaft unterstützen.[62]

---

[59] Vgl. Wessels, A.; Schulz, A.: Schneller, höher, weiter, 2003, S. 575./ vgl. Skaupy, W.: Franchising, 1995, S. 36./ vgl. Tomzack, M.: Tips & Traps When Buying A Franchise, 1994, S. 163.
[60] Vgl. Combs. J.: Ketchen, D.: Why do firms use Franchising as an Entrepreneurial Strategy?, 2003, S. 445.
[61] Vgl. Mendelsohn, M.: The Guide To Franchising, 1985, S. 26.
[62] Vgl. Stanworth, J.; Stanworth, C.; Watson, A.; et al.: Franchising as a Small Business Growth Strategy 2004, S. 541./ vgl. Arnold, J.: Das Franchise-Seminar, 1997, S. 48.

Ein weiterer Vorteil liegt in den immanenten Einkaufsvorteilen, die durch eine Bündelung des Einkaufs erzielt werden. Produkte werden gemeinsam bezogen und auf die einzelnen Betriebe verteilt. Die Weitergabe dieser Einkaufsvorteile hat in der Vergangenheit immer wieder zu Diskussionen geführt. Das OLG Düsseldorf hat diesbezüglich am 13. Dezember 2006 die bisherige Rechtsprechung zusammengefasst. Einkaufsvorteile sind nunmehr nur an den Franchise-Nehmer weiterzuleiten, wenn eine ausdrückliche vertragliche Regelung besteht.[63]

Neben den oben genannten quantitativen Vorteilen stellt die Motivation der Systempartner einen qualitativen Aspekt dar. Der Franchise-Nehmer ist als Selbstständiger auf eigene Rechnung und auf eigenes Risiko tätig. Aus diesem Kapitalrisiko, relativer Unabhängigkeit und Gewinnchancen resultiert eine höhere Motivation, als die eines Filialleiters, einen schnellen „Return on Investment" zu erzielen.[64] Der Franchise-Geber besitzt die Möglichkeit, durch Planungs- und Kontrollmaßnahmen das Verkaufsverhalten der Partner positiv zu beeinflussen. Weiterhin ermöglichen Franchise-Nehmer eine Arbeitsteilung, die eine Weiterentwicklung des Konzeptes fördert.

Neben den finanzpolitischen Vorteilen sind aber auch marketingpolitische Aspekte anzuführen.[65] Unternehmen platzieren mithilfe des Franchising Leistungen und Produkte am Markt, halten und gewinnen Marktanteile und bauen die Wettbewerbsfähigkeit gegenüber Konkurrenzunternehmen aus.

2.4.2 Systemnachteile des Franchise-Gebers

Der Franchise-Geber leistet in der Regel erhebliche Vorarbeit, um ein Vertriebsnetz aufzubauen. Der Markenschutz und die Anfertigung eines Franchise-Vertrages sowie die Erstellung eines Handbuches sind mit hohen Kosten und Aufwand verbunden.

Weiterhin muss eine ständige Kontrolle der Franchise-Nehmer erfolgen, um Produkt-, Service- und Qualitätsstandards zu gewähr-

---

[63] Vgl. OLG Düsseldorf: Urt. v. 13.12.2006, VI-U (Kart) 36/05, Franchiserecht, 21.01.2008, o.S.

[64] Vgl. Brodersen, T.: Franchising als Wachstumsstrategie, 2006, S.303./ vgl. Martinek, M.: Franchising, 1987, S. 94.

[65] Vgl. Martinek, M.: Franchising, 1987, S. 95 f.

leisten.[66] Die Qualitätssicherung stellt vor allem in der Praxis ein nicht zu unterschätzendes Problem dar, eine große Anzahl von Franchise-Gebern beklagt Qualitätsdifferenzen in den einzelnen Betrieben.[67] Als Folge kann die Reputation des gesamten Systems gefährdet werden.[68] Obwohl häufig ein einheitliches Marketing- und Organisationskonzept besteht, ist die Umsetzung der Ziele und Anforderungen des Franchise-Gebers im Vergleich zum Filialbetrieb schwieriger und weniger strikt durchzusetzen. Darüber hinaus lassen sich Neu- und Umgestaltungen der Ladenlokale, die im Handel aus Wettbewerbsgründen durchaus alle 4-6 Jahre durchgeführt werden, nur schwer durchsetzen.[69]

Im Laufe der Zeit entwickeln einige Franchise-Nehmer durch Erfahrungen und den eigenen Kundenstamm ein Gefühl der Unabhängigkeit. Der Franchise-Nehmer führt seinen Erfolg nicht mehr auf das System zurück, sondern auf die eigene Leistung und Kompetenz.[70] Als Folge stellt er den Systeminhaber und dessen Weisungen infrage und es können Konflikte zwischen den Vertragspartnern entstehen.

Ein weiteres Problem für den Franchise-Geber liegt in den Franchise-Gebühren, die in den meisten Fällen einen Prozentsatz des Nettoumsatzes ausmachen. Der Systeminhaber muss darauf vertrauen, dass der Franchise-Nehmer seine Umsätze wahrheitsgemäß angibt.[71] Nach Streitigkeiten, die zu einer Aufkündigung des Franchise- Verhältnisses führen, müssen offene Fragen über Ausgleichsansprüche und Konkurrenzprobleme geklärt werden.

2.4.3 Systemvorteile des Franchise-Nehmers

Der wohl größte Vorteil für den Franchise-Nehmer liegt in der Übernahme eines bewährten Konzeptes.[72] Er profitiert vom Erfahrungswissen und bereits gemachten Fehlern des Franchise-Gebers und vermindert somit sein eigenes geschäftliches Risiko. Besonders

---

66 Vgl. Mendelsohn, M.: The Guide To Franchising, 1985, S. 27 f.
67 Vgl. Holmberg, S.; Morgan, K.: Entrepreneurial global franchise ventures, 2007, S. 391.
68 Vgl. Theurl, T.: Die Kooperation von Unternehmen, 2001, S. 87.
69 Vgl. Flohr, E.: Franchise-Vertrag, 2006, S. 57.
70 Vgl. Watson, A.; Stanworth, J.: Franchising and intellectual capital, 2006, S. 346.
71 Vgl. Mendelsohn, M.: The Guide To Franchising, 1985, S. 29.
72 Vgl. Pauli, K.: Franchising, 1992, S. 14.

in der Planungs- bzw. Anfangsphase wird durch Schulungen und unterstützende Maßnahmen die Etablierung des Betriebes unterstützt. Darüber hinaus bieten viele Systeme einen Bekanntheitsgrad und eine starke Marke. Abgesehen davon, dass es im Interesse des Franchise-Gebers liegt, ein einheitliches Ausstattungs- und Einrichtungsniveau zu wahren, erhält der Franchise-Nehmer durch den Gebrauch bewährter Bau- und Strukturpläne erhebliche Kostenvorteile beim Aufbau einer Franchise-Einheit.[73] In vielen Fällen wird auch eine finanzielle Unterstützung durch den Systeminhaber in Anspruch genommen. Für die anfallende Managementfunktion werden notwendige Markt- und Marketinginformationen zur Verfügung gestellt, die durch regelmäßige Daten und Planungsfakten erweitert werden. Diese resultieren meist aus einem Vergleich der systemzugehörigen Betriebe. Wie bereits im vorherigen Abschnitt erwähnt, werden durch die Disposition größerer Mengen, Einkaufsvorteile erzielt, die je nach Vertragsvereinbarung an den Franchise-Nehmer weitergegeben werden. Weiterhin profitieren beide Vertragspartner von gemeinsamer Werbung, Verkaufsförderung und Öffentlichkeitsarbeit.

Die Zugehörigkeit zu einem Verbundsystem ist als weiterer Vorteil zu werten, denn diese bietet Rückhalt, sowie die Möglichkeit des Informationsaustausches für den Franchise-Partner.[74]

2.4.4 Systemnachteile des Franchise-Nehmers

Der Franchise-Nehmer ist zwar auf eigene Rechnung und eigenes Risiko tätig, allerdings steht er in der Verpflichtung, sich nach dem Marketing- und Organisationskonzept zu richten.[75] Sein Dispositionsraum ist eingeschränkt und er muss mit Kontrollen rechnen, die ein systemkonformes Handeln gewährleisten. Die ordnungsgemäße Einhaltung der Richtlinien schützt den Franchise-Nehmer jedoch nicht vor Imageschäden, die durch den Franchise-Geber oder andere Systempartner verursacht werden.

Ein besonders umstrittener Punkt in der Praxis stellen Abnahmeverpflichtungen dar, die für den Franchise-Geber eine zusätzliche Einnahmequelle bieten. Hat der Franchise-Nehmer sich zu einer solchen Abnahme verpflichtet, muss er häufig übersteuerte Produkte

---

[73] Vgl. Hanrieder, M.: Franchising Planung und Praxis, 1991, S. 13.
[74] Vgl. Skaupy, W.: Franchising, 1995, S. 61.
[75] Vgl. Mendelsohn, M.: The Guide To Franchising, 1985, S. 22.

vom Systeminhaber beziehen.[76] Bei geringen Umsätzen kann diese Verpflichtung die wirtschaftliche Situation des Betriebes zusätzlich verschlechtern. Ein weiterer Nachteil liegt häufig in der überregionalen Systemkonzeption, die von den lokalen Gegebenheiten und Anforderungen abweicht, wie z.B. Kaufkraft und gesetzliche Auflagen.[77]

Der immer schneller werdende Wechsel der Konsumentenbedürfnisse und -wünsche macht eine Weiterentwicklung des Konzeptes erforderlich, so sind z.B. das CD und die Marketingstrategie in regelmäßigen Abständen zu überarbeiten. Der Franchise-Nehmer muss auf eine erfolgreiche Weiterentwicklung des Konzeptes durch den Franchise-Geber vertrauen, um sich auch weiterhin am Markt erfolgreich positionieren zu können.[78] Neben dem Wettbewerb gegenüber marktüblicher Konkurrenz, stellt sich der Franchise-Nehmer in der Regel zusätzlicher interner Konkurrenz. So werden im Rahmen von Betriebsvergleichen die erzielten Umsätze sowie andere Kennzahlen verglichen.

---

[76] Vgl. Shelby, H.: Franchising, 1977, S. 134.
[77] Vgl. Knigge, J.: Franchise-Systeme im Dienstleistungssektor, 1973, S. 129.
[78] Vgl. Scott, F.: Franchising vs. Company Ownership as a Decision Variable of Firms, 1995, S. 69 f.

3 Aufbau eines Franchise-Systems

Im Folgenden werden nun die einzelnen Komponenten aufgezeigt, die es beim Aufbau eines Franchise-Systems zu berücksichtigen gilt. In der Praxis wird zwischen **originären** und **derivativen** Franchise-Systemen unterschieden.[79] Originäre Franchisen sind Gründersysteme, bei denen die Geschäftstätigkeit von Anfang an mit dem Absatzkanal Franchising aufgenommen wird. Bei derivativen Systemen hingegen, findet eine Umwandlung bereits bestehender Filialen in Franchise-Betriebe statt. *Mendelsohn* geht bei der Systematisierung noch einen Schritt weiter und unterscheidet zwischen solchen Vertriebsnetzen, die bereits während der Planungsphase der Unternehmung Franchising als Vertriebsform wählen und Systemen, die nach erfolgreicher Etablierung des Unternehmens, sich für das Franchising entscheiden.[80] Im Folgenden wird ein Leitfaden für ein System dargestellt, bei dem schon während der Planungsphase das Franchising als Expansionsstrategie gewählt wird.

3.1 Grundlegende Voraussetzungen

3.1.1 Geschäftsidee mit Zieldefinition

Wie auch bei allen anderen Unternehmen stellt beim Franchising eine Geschäftsidee die Grundlage für den wirtschaftlichen Erfolg dar. Kernpunkt einer jeden Geschäftsidee ist das geplante Angebot, das durch weitere Aspekte, wie dem Geschäftsmodell, Zielgruppe, Stärken und Erfolgsfaktoren ergänzt wird. Allerdings ist die Geschäftsidee beim Franchising mit einigen Besonderheiten verbunden, denn sie muss langfristig und überregional erfolgversprechend sein.[81] Zwar gibt es Geschäftskonzepte welche sich einmalig an einem Ort erfolgreich bewiesen haben, aber noch längst nicht den Anforderungen an einen zukünftigen Systemaufbau gerecht werden.

Für den Aufbau eines Franchise-Systems bedarf es der Ausformulierung einer konkreten Unternehmensstrategie sowie eines oder meh-

---

[79] Vgl. Meurer, J.: Führung von Franchisesystemen, 1997, S. 14./ vgl. Martinek, M.: Franchising, 1987, S. 49 ff./ vgl. Knigge, J.: Franchise-Systeme im Dienstleistungssektor, 1973, S. 42.

[80] Vgl. Mendelsohn, M.: The Guide to Franchising, 1985, S. 45.

[81] Vgl. Thunig, C.: Unternehmerische Aspekte im Franchising, 2003, S. 1049.

rerer Unternehmensziele.[82] Bei der Aufstellung der Unternehmensziele sind dabei qualitative als auch quantitative Inhalte zu berücksichtigen und zugleich zwei verschiedene Märkte zu fokussieren.[83] Auf der einen Seite ist das Produkt zu betrachten und auf der anderen Seite die Franchise-Nehmer, die für das Konzept gewonnen werden sollen. Im Rahmen der Expansion ist festzulegen, in welcher Zeitspanne wie viele Systempartner gewonnen werden müssen, damit sich die Investitionen amortisieren. Des Weiteren gilt es, eine Unternehmensstrategie zu entwickeln.[84] Diese hilft, den Erfolg der Unternehmung zu optimieren und trägt dazu bei, ein Auseinanderdriften des Systems zu verhindern. Im Rahmen von Wettbewerbsstrategien lassen sich vor allem die Konzepte der Kostenführerschaft, Differenzierung und Konzentration auf Marktnischen identifizieren.[85] In der Literatur wird auch die **EKS-Strategie** nach *Mewes* erwähnt, die heute in vielen Systemen Anwendung findet.[86] Im Zentrum dieser Strategie steht die Erkenntnis, dass ein Marktführer eine bessere Stellung gegenüber der Konkurrenz einnimmt und an Attraktivität für potenzielle Franchise-Nehmer gewinnt, selbst wenn er in einem kleinen Markt tätig ist.[87] Die Marktführerschaft wird dabei durch eine kontinuierliche Steigerung des Nutzwertes erreicht. Aus den verbesserten Leistungen, von denen nicht nur die Kunden profitieren, sondern auch die Systempartner, resultieren anschließend Synergieeffekte und Gewinnmaximierungen.

3.1.2 Analyse des Unternehmens auf seine Franchise-Eignung

Grundsätzlich sollte jeder angehende Franchise-Geber sein Konzept daraufhin überprüfen, ob es sich überhaupt für die Vertriebsform Franchising eignet bzw. sich die Multiplikation in der Praxis realisieren lässt.

---

[82] Vgl. Hofer, S.: Zukunftstrend Franchising, 2007, S. 20./ vgl. Hanrieder, M.: Franchising Planung und Praxis, 1991, S. 57.

[83] Vgl. Bellone, V.: Standardisierung von Produkten und Dienstleistungen, 2003, S. 55.

[84] Vgl. Bürkle, H.: Strategie im Franchisesystem, 2003, S. 46.

[85] Vgl. Herzberg, U.: Mein Business-Plan, 2005, S. 38 ff./ vgl. Thunig, C.: Unternehmerische Aspekte des Franchising, 2003, S. 1051.

[86] Vgl. Hofer, S.: Zukunftstrend Franchising, 2007, S. 20 f./ vgl. Bürkle, H.: Strategie im Franchisesystem, 2003, S. 46.

[87] Vgl. Bürkle, H.: Strategie im Franchisesystem, 2003, S. 51 ff.

Nach *Arnold* orientieren sich die Eignung und die Systemtauglichkeit des Konzeptes durch die zentrale Steuerung aller mit der Produktion und dem Einkauf verbundenen Hauptfunktionen, ausschließlich an absatzpolitischen Aspekten.[88] Demnach steht also im Vordergrund, ob die Eigenschaften des Produktes, die Kenntnisse des Verkaufspersonals und die Kompetenz des Verkaufsleiters, eine selbstständige Verkaufsmethodik zulassen und sich die organisatorischen Methoden zur Unterstützung des Vertriebs beliebig oft replizieren lassen. Diese Sichtweise wird in der Literatur um weitere Aspekte ergänzt, deren Überprüfung aber erst nach einer Pilotphase erfolgen kann. Der Franchise-Geber muss ein Konzept entwickeln, dass sich von der Konkurrenz differenziert und von der Zielgruppe akzeptiert wird und auch einen Nachweis über dessen Umsetzbarkeit erbringen.[89] Eine weitere Überprüfung der Eignung des Konzeptes sollte auch die Umsatz- und Gewinnentwicklung sowie das Image des Konzeptes berücksichtigen. Weiterhin ist auch zu überlegen, ob der Zeitpunkt für den Start des Unternehmens richtig gewählt wurde.[90] Saisonale Einflüsse oder kurzfristige Wettbewerbsaktivitäten können den Erfolg des Systems nachhaltig beeinflussen.

Des Weiteren sollte während der Eignungsanalyse überprüft werden, ob dem Franchise-Geber eine angemessene Kapitalbasis zur Verfügung steht.[91] Diese finanziellen Ressourcen ermöglichen die Errichtung von Pilotbetrieben sowie die Überwindung schwieriger Anlaufphasen bzw. gegebenenfalls die finanzielle Unterstützung von Franchise-Nehmern beim Aufbau. Für den Systeminhaber bieten sich unterschiedliche Formen der Finanzierung an, die auch durch die Wahl der Gesellschaftsform beeinflusst werden. Eine ausführliche Beschreibung der unterschiedlichen Rechtsformen soll hier aufgrund der Vielfalt von nationalen und internationalen Alternativen nicht erfolgen. Grundsätzlich ist zwischen Unternehmern zu unterscheiden, die selbst als natürliche Personen auftreten und denjenigen, die eine Kapitalgesellschaft gründen.[92] In jedem Fall ist eine

---

[88] Vgl. Arnold, J.: Das Franchise-Seminar, 1997, S. 15.
[89] Vgl. Hanrieder, M.: Franchising und Planung, 1991, S. 50.
[90] Vgl. Hanrieder, M.: Franchising Planung und Praxis, 1991, S. 50./ vgl. Mendelsohn, M.: The Guide to Franchising, 1985, S. 48.
[91] Vgl. Hanrieder, M.: Franchising Planung und Praxis, 1991, S. 50./ vgl. Mendelsohn, M.: The Guide to Franchising, 1985, S. 48.
[92] Vgl. Holler, G.: Rechnungswesen und Finanzierung, 2003, S. 125.

Liquiditätsplanung zu erstellen, die als Kernstück jeder Finanzplanung einen **Umsatzerlösplan** sowie einen **Ausgabeplan** enthält.[93]

Zu den wohl gängigsten Methoden zählt die Bankfinanzierung, bei der dem Franchise-Geber, Fremdkapital zur Verfügung gestellt wird. Eine andere Möglichkeit sind Private-Equity-Finanzierungen, bei denen ein Geldgeber Kapital zur Verfügung stellt und dafür eine Beteiligung am Gewinn des Unternehmens zugesprochen bekommt.[94] Diese Beteiligung erfolgt am Gewinn oder aber auch am Wertzuwachs des Unternehmens. Eine weitere Option stellt die Aufnahme eines stillen Partners dar, der für seine Beteiligung einen festen Zins oder einen variablen Anteil am Gewinn erhält. Eine eher selten genutzte Form der Kapitalbeschaffung sind die Venture-Capital-Finanzierungen, bei denen die Kapitalgeber Gesellschaftsanteile erwerben.[95] Diese Form der Finanzierung ist vor allem für wachstumsstarke Unternehmen von Interesse. Zu den primären Zielen der Kapitalgeber zählt eine möglichst hohe Wertsteigerung der Beteiligungen zu erzielen.[96]

Weiterhin besteht für Franchise-Geber die Möglichkeit, sich bei mehreren öffentlichen Förderungsprogrammen um Kapitalmittel zu bewerben. So bieten das KfW und die DtA verschiedene Förderungsprogramme an. Vor allem die Förderungshilfen der DtA haben sich im Rahmen des Franchising bewährt.[97] Das Angebot besteht aus einem speziellen Existenzgründungsprogramm sowie Startgeldern und Mikrodarlehen.

Laut *DFV* bildet während der Pilotphase vor allem die Eigenfinanzierung von außen, z.B. Beteiligungen oder Einlagen, die Hauptfinanzierungsquelle.[98] In der Multi-plikationsphase hingegen wird der Anteil an Fremdfinanzierungen zunehmen, da die Eröffnung weiterer Betriebe dem Franchise-Geber eine bessere Argumentationsbasis gegenüber den Kapitalgebern einräumt.

---

[93] Vgl. Kutta, D.; Mühlhaus, K.: Gründung und Franchising 2007/2008, 2005, S. 72.

[94] Vgl. Holler, G.: Rechnungswesen und Finanzierung, 2003, S. 125.

[95] Vgl. Skaupy, W.: Franchising, 1995, S. 186.

[96] Vgl. Holler, G.: Rechnungswesen und Finanzierung, 2003, S. 125.

[97] Vgl. Paffrath, S.: Förderungsangebote der Deutschen Ausgleichsbank, 2003, S. 911 ff.

[98] Vgl. o.V.: Existenzgründung mit System, DFV, 13.11.2007, S. 19.

3.1.3 Markt- und Erfolgsanalyse

Die Einschätzung der Marktsituation ist nicht nur für Franchise-Systeme von immenser Bedeutung, sondern für jedes Unternehmen, das seine Produkte erfolgreich absetzen möchte.[99] Für den Franchise-Geber ergeben sich allerdings aus der Marktsituation zusätzlich direkte Verkaufsargumente, die eine Gewinnung von Systempartnern erleichtert. Das Wissen über Marktpotenzial, Perspektiven und die Konkurrenz kann bei den Verhandlungen zu ausschlaggebenden Argumenten werden. Neben der Vermarktung eines erfolgreichen Konzeptes, gilt es vor allem, Wissensvorsprünge aufzubauen sowie eine aktive Marktbearbeitung durchzuführen.[100] Die Einschätzung des Marktpotenzials ist von essenzieller Bedeutung, denn stagnierende oder schrumpfende Märkte führen schnell zu einem Verdrängungswettbewerb. Nach einer Analyse der Marktgröße und Marktentwicklung sollte auch eine Marktsegmentierung erfolgen.[101] Durch die Einteilung der Daten nach Zielgruppen und unterschiedlichen Segmenten erlangt der Systeminhaber einen besseren Einblick in den Markt. Um einen Wissensvorsprung zu gewinnen, sind allerdings noch weitere Variablen zu berücksichtigen, die das Marktgeschehen beeinflussen.[102] Eine ausführliche Analyse demographischer Daten, der Motivation und Verhaltensweisen der Kunden ermöglicht diesen Vorsprung. Darüber hinaus ist eine genaue Untersuchung der Konkurrenzunternehmen und deren Stärken und Schwächen von großer Bedeutung. Die notwendigen Daten lassen sich über Verbände, Marktforschungsinstitute und Bundesämter beziehen. In einigen Fällen ist es ratsam, durch Interviews mit Marktteilnehmern weitere Erkenntnisse zu erlangen.[103]

Laut *DFV* ist bei der Analyse auch das Marktpotenzial für Franchise-Nehmer zu untersuchen.[104] So sollte der Markt mindestens 50 bis 120 Systempartner aufnehmen können, um Synergieeffekte zu nutzen.

---

[99] Vgl. Hofer, S.: Zukunftstrend Franchising, 2007, S. 27./ vgl. Bellone, V.: Standardisierung von Produkten, 2003, S. 55.
[100] Vgl. Bellone, V.: Standardisierung von Produkten, 2003, S. 55.
[101] Vgl. Herzberg, U.: Mein Business-Plan, 2005, S. 42 ff.
[102] Vgl. Bürkle, H.: Strategie im Franchisesystem, 2003, S. 51 ff.
[103] Vgl. Herzberg, U.: Mein Business-Plan, 2005, S. 42.
[104] Vgl. o.V.: Existenzgründung mit System, DFV, 13.11.2007, S. 10.

3.2 Systemerprobung

3.2.1 Pilotbetrieb

Der „Ethikkodex des Deutschen Franchise-Verbandes" sagt in Ziffer 2.2 zu den Pflichten des Franchise-Gebers: „Der Franchisegeber muss vor der Gründung seines Franchise-Netzes ein Geschäftskonzept schon in einem angemessenen Zeitraum und mit wenigstens einem Pilotobjekt erfolgreich betrieben haben."[105] Der Kodex wurde ursprünglich von der *EFF* entwickelt und lautet folgendermaßen: „The Franchisor shall have operated a business concept with success, for a reasonable time and in at least one pilot unit before starting its franchise network."[106] In diesem Zusammenhang ist es fraglich, ob bei der Übersetzung aus dem englischen Original das Wort „muss" nicht durch das Wort „sollte" zu ersetzen ist.[107]

Der Pilotbetrieb dient der Überprüfung des erarbeiteten Konzeptes auf seine Praktikabilität. Innerhalb der Erprobungsphase lassen sich u.a. die Akzeptanz des Produktes, das Marketing, der Umgang mit den Mitarbeitern und die CI testen.[108] Es bietet sich auch die Anfertigung eines Standortprofils für zukünftige Betriebe an. Weiterhin sind die Öffnungszeiten einer Überprüfung zu unterziehen, denn nicht selten sind diese unökonomisch gestaltet, da der Betrieb nur zu bestimmten Tageszeiten stark frequentiert wird. Die Testphase erfolgt dabei unter möglichst realen Umfeldbedingungen und der Pilotbetrieb ist wie die späteren Franchise-Betriebe zu führen.

In der Literatur findet sich häufig die Forderung nach der Errichtung mindestens zweier Pilotbetriebe.[109] Der Aufbau eines zweiten Pilotbetriebes soll dabei den Beweis erbringen, dass der Erfolg des Konzeptes auch unter anderen Bedingungen zu reproduzieren ist.[110] Die Forderung nach veränderten Bedingungen für einen zweiten Testbetrieb wird in der Literatur nicht weiter präzisiert, so dass sich

---

[105] o.V.: Ethikkodex für Mitglieder und assoziierte Mitglieder, DFV, 13.11.2007, S. 2.

[106] European Code of Ethics for Franchising, EFF, 11.11.2007, o.S.

[107] Vgl. Skaupy, W.: Franchising, 1995, S. 90.

[108] Vgl. Mendelsohn, M.: The Guide to Franchising, 1985, S. 50.

[109] Vgl. Arnold, J.: Das Franchise-Seminar, 1997, S. 123./ vgl. Kaub, E.: Franchising in der Gastronomie, 1995, S. 86./ vgl. Mendelsohn, M.: The Guide to Franchising, 1985, S. 49.

[110] Vgl. Stanworth, J.; Stanworth, C.; Watson, A.; et al.: Franchising as a Small Business Growth Strategy, 2004, S. 542.

nicht genau festgelegen lässt, unter welchen Bedingungen, z.B. geographischer Entfernung, weitere Pilotbetriebe eröffnet werden sollten.

Über die Dauer der Testphase herrscht in der Literatur Uneinigkeit. Während der Ethikkodex des Deutschen Franchise-Verbandes keinen genauen Zeitraum vorgibt, schlägt *Skaupy* einen Zeitrahmen von wenigstens 12 bis 18 Monaten vor.[111] *Thunig* sieht eine Testphase von mindestens 24 Monaten vor, um das operative Geschäft intensiv zu testen.[112] *Flohr* und *Nebel* argumentieren, dass sich bei Konzepten mit geringem Aufwand und niedrigem Investitionsvolumen, der Erfolg einer Pilotphase schon nach einigen Monaten einstellen kann.[113]

Nach Abschluss der Testphase erfolgt eine Auswertung der Ergebnisse, die sich vor allem auf Aspekte wie Erfolgsfaktoren, Standortkonzept, operative Geschäftsabläufe, Parameter der Umsatzbeeinflussung und Kosten- und Personalstruktur konzentriert.[114] Der oder die Pilotbetriebe eignen sich nach Ablauf der Testphase, um neue Produkte oder Ideen zu testen und somit eine Weiterentwicklung des Konzeptes zu gewährleisten.

3.2.2 System-Handbuch

Die Anfertigung eines System-Handbuches ist erforderlich, um den Franchise-Nehmern die für die Geschäftsführung notwendigen Richtlinien, Informationen und Instruktionen, im Einklang mit den Geschäftsgrundsätzen, zur Verfügung zu stellen.[115] Je nach Komplexität des jeweiligen Systems ist die Anfertigung mehrerer Spezialhandbücher erforderlich, die beispielsweise den Umgang mit der technischen Ausstattung oder dem EDV-System thematisieren.

In der Literatur herrscht Uneinigkeit darüber, zu welchem Zeitpunkt, die Anfertigung eines Handbuches erfolgen sollte. Einige Autoren betonen die Bedeutung eines Pilotbetriebes, der die Erstel-

---

[111] Vgl. Skaupy, W.: Franchising, 1995, S. 90.

[112] Vgl. Thunig, C.: Unternehmerische Aspekte des Franchising, 2003, S. 1059.

[113] Vgl. Wessels, A.; Flohr, E.: Der Pilot: Know-how auf dem Prüfstand, 2003, S. 96.

[114] Vgl. Thunig, C.: Unternehmerische Aspekte des Franchising, 2003, S. 1060.

[115] Vgl. Skaupy, W.: Franchising, 1995, S. 92.

lung eines Handbuches durch praktische Erfahrungen begleitet.[116] Auf der anderen Seite wird die Konsultation bereits vorhandener Franchise-Partner empfohlen und somit auf einen späteren Zeitpunkt der Gestaltung verwiesen.[117] Allerdings ist diese Aussage kritisch zu betrachten, denn auch die ersten Systempartner benötigen eine detaillierte Anleitung zum Aufbau und einer **systemkonformen** Führung ihres Betriebes. In Anlehnung an die Empfehlung von *Skaupy*[118] wird hier die Erstellung des Handbuches der Pilotphase zugeordnet, da in dieser Phase die praktischen Erfahrungen beim Aufbau des Betriebes gesammelt werden, die für den Franchise-Nehmer hilfreich sind. Eine Überarbeitung, sowie Vervollständigung erfolgt im Laufe der Konzeptionsphase. Neben einem Transfer von Know-how erfüllt das Handbuch noch eine zweite Funktion, die der Vertragspräzisierung.[119] Im Handbuch werden die im Vertrag festgesetzten Richtlinien und Grundsätze in ihrem Kontext erklärt und somit für den Franchise-Nehmer nachvollziehbarer gestaltet.

Die Gliederung und die Inhalte des System-Handbuches variieren je nach Art des Konzeptes, Art der Produkte und Dienstleistungen und fallen unterschiedlich umfangreich aus.[120] Aus diesem Grund lassen sich nur Hinweise zur Gestaltung eines Handbuches geben.

Arnold schlägt folgende Inhalte eines Handbuches vor:

- „Markt- und Firmendaten des Franchisegebers
- Ziel des Marketingkonzeptes
- Kriterien bei der Auswahl von Standorten
- Geschäftsräume und Ausstattung
- Sortimentspolitik, Wareneinkauf und Disposition
- Produktplatzierung und -repräsentation in der Verkaufsstelle
- Warenkunde bzw. Beschreibung der Dienstleistung

---

116 Vgl. Skaupy, W.: Franchising, 1995, S. 93./ vgl. Clemens, R.: Die Bedeutung des Franchising in der Bundesrepublik Deutschland, 1988, S. 102.
117 Vgl. Gappa, R.: Creating an Effective Operations Manual, 2007, S. 94.
118 Vgl. Skaupy, W.: Franchising, 1995, S. 92.
119 Vgl. Ditges, F.: Franchising, 2005, S. 100./ vgl. Koski, J. The Bulletproof Operations Manuel, 2003, S. 37.
120 Vgl. Gappa, R.: Creating an Effective Operations Manual, 2007, S. 92./ vgl. Arnold, J.: Das Franchise-Seminar, 1997, S. 102./ vgl. Skaupy, W.: Franchising, 1995, S. 96.

- Investition, Finanzierung und Betriebsführung
- Werbung und Verkaufsförderung
- Personalauswahl, -führung und -weiterbildung
- Kosten, Kalkulation und Buchführung"[121]

Trotz der relativen Freiheit bei der Gestaltung eines System-Handbuches gilt es, einige Gestaltungsrichtlinien zu beachten, da der Inhalt von Handbüchern bei Meinungsverschiedenheiten zwischen den Systempartnern in vielen Fällen Gegenstand eines Gerichtsverfahrens wird.[122] Für den Franchise-Geber stellt das Handbuch bei solchen gerichtlichen Auseinandersetzungen eine Beweisurkunde dar, da er bei einem geschäftlichen Misserfolg des Franchise-Nehmers beweisen muss, dass dieses Scheitern trotz Beachtung der Richtlinien und Vorgaben eingetreten ist.[123] Auf der anderen Seite ist der Franchise-Geber bei schweren Missachtungen der im Handbuch vorgegebenen Richtlinien in der Lage, den Vertrag mit dem Franchise-Nehmer nach einer Abmahnung fristlos zu kündigen. Im Franchise-Vertrag findet die Regelung der Haupt- und Nebenpflichten zwischen Franchise-Geber und Franchise-Nehmer statt, während das Handbuch die Nebenverpflichtungen genauer präzisiert.[124]

Vor allem Preislisten und Kalkulationstabellen stellen in der Praxis häufig ein Problem dar. Zwar sind Preisempfehlungen für Markenartikel zulässig, jedoch nicht für Dienstleistungen.[125] Wiederum beziehen sich diese Preisvorgabeverbote nicht auf Aktionsangebote, wie z.B. Eröffnungsangebote. Besonders ist darauf zu achten, dass alle Preisempfehlungen auch als unverbindlich kenntlich gemacht werden.[126]

Ein vom Franchise-Geber geforderter Mindestbestand an Waren ist zwar zulässig, allerdings darf der Franchise-Nehmer nicht zu einer unangemessenen Lagerhaltung verpflichtet werden. Da der Franchise-Geber zu einer ständigen Weiterentwicklung des Konzepts verpflichtet ist, muss er auch eine Aktualisierung des Handbuches

---

[121] Arnold, J.: Das Franchise-Seminar, 1997, S. 104.

[122] Vgl. Koski, J.: The Bulletproof Operations Manuel, 2003, S. 36.

[123] Vgl. Eßer, G.: Franchising, 1995, S. 140.

[124] Vgl. Flohr, E.: Die konkreten Auswirkungen der neuen europäischen Gruppenfreistellung, 2001, S. 353.

[125] Vgl. Metzlaff, K.: Typischer Inhalt eines Franchise-Vertrages, 2003, S. 113.

[126] Vgl. Metzlaff, K.: Typischer Inhalt eines Franchise-Vertrages, 2003, S. 125.

in regelmäßigen Abständen vornehmen.[127] Dieses Recht sollte sich der Franchise-Geber auch im Franchise-Vertrag sichern.

In der Praxis ist die Aushändigung eines Handbuches sehr verbreitet. Mehr als 92 Prozent aller Franchise-Nehmer verfügen über ein Betriebshandbuch.[128]

3.3 Franchise-Paket

War die Pilotphase erfolgreich, ist als nächster Schritt ein umfangreiches Betreuungspaket für die Franchise-Nehmer zu entwickeln. Die Multiplizierbarkeit des Geschäftskonzeptes nach einer Erprobungsphase hängt im Wesentlichen auch davon ab, ob alle Elemente des Konzeptes bereits bei der Planung aufeinander abgestimmt wurden, denn nur so ist ein integrierter Marktauftritt zu erzielen.[129] Der folgende Abschnitt beschreibt die einzelnen Bestandteile, die es beim Entwurf des Franchise-Paketes zu berücksichtigen gilt.

3.3.1 Organisationsstruktur

Eine besondere Bedeutung in Franchise-Systemen kommt der Betreuung und Schulung der Franchise-Nehmer zu.[130] Im Rahmen dieser Maßnahmen sind nun Standards wie Besuchshäufigkeiten und -anlässe bzw. Schulungshäufigkeiten und -inhalte festzulegen. Während Erstschulungen bei fast allen Systemen ein Standard sind, finden kontinuierliche Schulungen nicht in jedem Fall statt. Häufige Besuche dienen neben der eigentlichen Betreuung auch zur Kontrolle der Systemstandards.

Ein weiterer wesentlicher Kernpunkt in Franchise-Systemen ist die Kommunikation zwischen den Partnern, die es im Rahmen der Organisationsstruktur zu organisieren gilt. Effektive und schlanke Kommunikationsmittel ermöglichen einen schnellen Informationsaustausch und ein schnelleres Reagieren auf Veränderungen der Marktgegebenheiten.[131] Neben den klassischen Kommunikationsmethoden eignet sich vor allem der Einsatz von regelmäßigen Tagungen und Treffen, die einen Wissensaustausch der Systempartner

---

[127] Vgl. Skaupy, W.: Franchising, 1995, S. 93.
[128] Vgl. Ditges, F.: Franchising, 2005, S. 104.
[129] Vgl. Meffert, H.; Meurer, J.: Der Franchisegeber als Steuermann, 2003, S. 561.
[130] Vgl. Thunig, C.: Unternehmerische Aspekte des Franchising, 2003. S. 1061.
[131] Vgl. Berger, S.: Das Extranet, 2003, S. 421.

ermöglichen.[132] Eine weitere Möglichkeit ist die Implementierung eines Extranets, das als Bestandteil des Internetauftritts in einem passwortgeschützten Bereich Bestellungen sowie den Abruf und Austausch von Informationen zugleich ermöglicht.[133] In Bezug auf die Organisationsstruktur sind weitere Aspekte zu klären, die eine Beschaffung von Waren und die Weitergabe an die Franchise-Nehmer beinhalten. Die Organisation des Franchise-Gebers kann sowohl als zentrale Einkaufs- und Lagerstätte dienen wie auch als Koordinationsstelle, die Einkaufsquellen für die Be-stellung anbie-tet.[134] Zusätzlich sind Eventualitäten wie Schadensersatz, Reklamationen oder der Wechsel von Lieferanten im Vorfeld zu planen.

Eine weitere wichtige Komponente des Franchise-Pakets ist nach *Skaupy* die **Finanz- und Rentabilitätsplanung**.[135] Neben der eigenen Finanzierung[136] sollte der Franchise-Geber das Angebot von Finanzierungsprogrammen für die Franchise-Nehmer in Erwägung ziehen, denn ein großes Problem bei Existenzgründungen ist häufig die Finanzierung. Ein solches Angebot erhöht für Interessenten die Attraktivität seines Konzeptes. Mittlerweile bieten mehrere Bankinstitute spezifische Finanzierungsmodelle an, bei denen der Franchise-Geber einen Vertrag über ein bestimmtes Volumen an Existenzgründungen abschließt.[137] Franchise-Nehmer haben durch diesen Vertrag die Möglichkeit, finanzielle Mittel für die Eröffnung eines Betriebes in Anspruch zu nehmen. In diesem Zusammenhang ist zu erwähnen, dass solche Finanzierungsformen spezifische Anforderungen an die Vertragsgestaltung und weitere Rahmenbedingungen der Franchise-Partnerschaft stellen.[138] Greift der Franchise-Nehmer bei der Finanzierung auf die eigene Hausbank zurück, so kann ihn der Franchise-Geber durch Rentabilitätspläne oder Geschäftspläne aktiv unterstützen.

---

[132] Vgl. Nebel, J.; Gajewski, K.: Die Gremien des Franchisesystems, 2003, S. 441.
[133] Vgl. Saleh, S.; Kleiner, H.: Effective Franchise Management, 2005, S. 76./ vgl. Berger, S.: Das Extranet, 2003, S. 422.
[134] Vgl. Bellone, V.: Standardisierung von Produkten und Dienstleistungen, 2003, S. 59.
[135] Vgl. Skaupy, W.: Franchising, 1995, S. 77.
[136] Vgl. 3.1.2
[137] Vgl. Meier, J.: Finanzierung des Franchisebetriebs, 2003, S. 306.
[138] Vgl. Metzlaff, K.: Typischer Inhalt eines Franchise-Vertrages, 2003, S. 58./ vgl. Paffrath, S.: Förderungsangebote der Deutschen Ausgleichsbank, 2003, S. 911 ff./ vgl. Skaupy, W.: Franchising, 1995, S. 187.

3.3.2 Marketing

Franchising liefert als Multiplikator erfolgreicher Geschäftskonzepte eine Basis zur Identifizierung von Wettbewerbsvorteilen.[139] Über die Nutzung als Expansionsstrategie hinaus, eignet sich das Franchising auch als Strategie für ein effizientes Marketing. Zu den wesentlichen Merkmalen des Franchising unter Marketinggesichtspunkten zählen vor allem überregionale Gesichtspunkte, ein einheitliches Auftreten am Markt, Exklusivität, ein starkes Image, Werbe- und Verkaufsförderung, Trendinformationen sowie eine Steuerung des gesamten Vertriebskanals. Darüber hinaus ist Franchising als ein bewusster Prozess der Markenbildung zu verstehen, bei dem das System selber markiert wird und einzelne Komponenten, wie Produkte oder Serviceleistungen, im Systemauftritt zurücktreten.[140]

Kotler und *Bliemel* definieren den Begriff der Marke folgendermaßen: „Ein Name, ein Zeichen, Symbol, eine Gestaltungsform oder eine Kombination aus diesen Bestandteilen zum Zwecke der Kennzeichnung der Produkte oder Dienstleistungen eines Anbieters oder einer Anbietergruppe und der Differenzierung gegenüber Konkurrenzangeboten."[141] Für den Markenbildungsprozess gelten daher folgende Bedingungen: einen durchgängigen Auftritt für das Produkt, gleich bleibende Qualität, Präsentation und Preise an allen Verkaufsorten zu gewährleisten.[142]

Grundsätzlich lässt sich argumentieren, dass sich der Markenbildungsprozess nicht von anderen am Markt operierenden Unternehmen unterscheidet. Jedoch lassen sich bei Franchise-Systemen einige Besonderheiten identifizieren. So dient der Markenwert für viele Firmen zur Berechnung der Lizenzgebühren.[143] Des Weiteren ist im Gegensatz zu konventionellen Unternehmen die Kommunikation häufig schwieriger zu planen.[144] Zum einen muss eine ansprechende Akquisitionswerbung zur Gewinnung neuer Partner entworfen werden und darüber hinaus erfordert die Ausbreitung und Verteilung des Vertriebsnetzes in vielen Fällen einen differenzierten Kommunikations-Mix. Es bedarf hier, wie bei anderen Unterneh-

---

[139] Vgl. Bellone, V.: Aufbau einer Marke mittels Franchising, 2003, S. 523.

[140] Vgl. Thunig, C.: Unternehmerische Aspekte des Franchising, 2003, S. 1063.

[141] Kotler. P.; Bliemel, F.: Marketing-Management, 1998, S. 689.

[142] Vgl. Thunig, C.: Unternehmerische Aspekte des Franchising, 2003, S. 1063.

[143] Vgl. o.V.: Nie waren Marken wichtiger als heute, 2002, S. 18.

[144] Vgl. Hanrieder, M.: Franchising Planung und Praxis, 1991, S. 86.

men, einer einheitlichen Kommunikation, denn nur diese erschließt dem Kunden einen Markenbegriff, der die Produkte und Leistungen des Unternehmens einheitlich empfinden lässt. Im Rahmen der CI gilt es nun folgende Elemente aufeinander abzustimmen.

Corporate Design: Das Corporate Design ermöglicht eine ästhetische und symbolische Identitätsvermittlung durch ein systematisches Abstimmen einzelner visueller Elemente der Unternehmenserscheinung.[145] Visuelle Gestaltungselemente wie Farbe, Schrift und Zeichen werden beispielsweise für das Erscheinungsbild bei Verpackungen, Ladeneinrichtung, Anzeigen, Werbemitteln oder Messeauftritten genutzt.

Corporate Communications: Corporate Communications unterstützt die angestrebte Unternehmensidentität durch den Einsatz sämtlicher innen- und außengerichteter Kommunikationsinstrumente.[146] Zu diesen Instrumenten zählen insbesondere die Werbung, Direktkommunikation, Verkaufsförderung, Public Relations und Sponsoring. Ziel des Einsatzes der Corporate Communications ist es, den Absatz zu fördern.

Corporate Behaviour: Das Corporate Behaviour beschreibt das Verhalten der Systemteilnehmer, die an der Leistungserbringung beteiligt sind.[147] Ziel ist es, das Verhalten sämtlicher Mitarbeiter in spezifischen Geschäftssituationen, wie z.B. Reklamationen oder Verkaufsgesprächen, aufeinander abzustimmen. Aus diesem Grund werden Verhaltensstandards festgelegt, die das Auftreten und Verhalten gegenüber den Kunden akribisch festlegen. Aufgrund der zentralen Stellung der CI in Franchise-Systemen empfiehlt es sich, ein Handbuch über die Standards und die Richtlinien im Umgang mit der Identität des Systems für die Partner anzufertigen.

Neben dem einheitlichen Kommunikationsstil ergeben sich weitere spezifische Anforderungen an die Gestaltung von Marketingkonzepten. Der Franchise-Geber muss interne Überzeugungsarbeit gegenüber den Systemteilnehmern leisten, um eine externe Qualität der Maßnahmen zu gewährleisten.[148] Zwar kann auch hier argumentiert werden, dass interne Marketingmaßnahmen auch bei klassischen Unternehmen betrieben werden, jedoch ergibt sich in Bezug

---

[145] Vgl. Meffert, H.: Marketing, 2000, S. 707.
[146] Vgl. Meffert, H.: Marketing, 2000, S. 707.
[147] Vgl. Thunig, C.: Unternehmerische Aspekte des Franchising, 2003, S. 1064.
[148] Vgl. Aries, L.: Marketing im Franchising, 2003, S. 170.

auf Franchise-Systeme eine weitere Abweichung. Das interne Marketing bei konventionellen Unternehmen zielt nach *Hanrieder* in erster Linie auf die Betriebsklimaverbesserung und somit indirekt auf eine höhere Produktivität ab.[149] Diese Meinung wird auch von *Meffert* gestützt, allerdings sieht er in dieser Marketingmethode letztendlich ein Mittel zu einer höheren Absatzorientierung.[150] Die Maßnahmen des internen Marketings in Franchise-Systemen zielen hingegen direkt auf Aktivitäten ab, die den Verkauf oder Vertrieb betreffen.

Der Aufbau von CRM[151] Programmen ist bei Betrieben mit eigenen Standorten ebenfalls einfacher zu realisieren als bei Franchise-Systemen, da die Frage nach den Besitzrechten der gewonnenen Daten eindeutig beantwortet ist.[152] Die Umsetzung eines modernen Marketings erfordert von Franchise-Systemen die Einrichtung einer gemeinsamen **Software-Plattform**. Eine solche Software informiert transparent über die einzelnen Kunden- und Interessensbewegungen. Allerdings besteht die Gefahr, dass die Systempartner die Implementierung als eine Art Kontrolle empfinden.

Das Marketing als marktorientierte Unternehmensführung lässt sich nur dann umsetzen, wenn das unternehmerische Handeln auf einer unternehmensindividuellen Marketing-

konzeption basiert. „Die Marketingkonzeption ist das Ergebnis detaillierter strategischer Analysen und umfasst Festlegungen auf drei Konzeptionsebenen, und zwar der Ziel-, Strategie- und der Instrumental- beziehungsweise Marketingmix-Ebene."[153] Die Konzeption erfolgt in mehreren Schritten und ist als dynamischer Planungsprozess zu verstehen. Bevor die eigentliche Planung beginnt, sollten die Ausgangslage, die Ressourcen und Bedürfnisse bekannt sein. Um diese zu ermitteln, wird eine strategische Analyse durchgeführt.[154] Innerhalb der Situationsanalyse gilt es nun, eine möglichst genaue

---

[149] Vgl. Hanrieder, M.: Franchising Planung und Praxis, 1991, S. 88.

[150] Vgl. Meffert, H.: Marketing, 2000, S. 1119.

[151] Beim CRM handelt es sich um einen ganzheitlichen Ansatz der Unternehmensführung, bei dem eine Integration sowie Optimierung aller kundenbezogener Prozesse erfolgt, vgl. o.V.: Kundenbeziehungsmanagement, 2008, o.S.

[152] Vgl. Aries, L.: Marketing im Franchising, 2003, S. 171 ff.

[153] Meffert, H.: Marketing, 2000, S. 61.

[154] Vgl. Schneider, W.: Marketing, 2007, S. 37./ vgl. Meffert, H.: Marketing, 2000, S. 63 ff./ vgl. Nebel, J.: Die Marketingkonzeption, 2003, S. 106 ff.

Identifizierung der relevanten Einflussfaktoren durchzuführen. Zu den wichtigen Bestimmungsfaktoren zählen in diesem Zusammenhang der Markt, die Marktteilnehmer, die Marketinginstrumente und die Umwelt. Allerdings sind noch weitere Faktoren, die aus einem spezifischen Umfeld des jeweiligen Franchise-Systems resultieren, für eine strategische Analyse notwendig.[155] Analyseaktivitäten erfordern es, den Franchise-Nehmer unter zwei verschiedenen Gesichtspunkten zu betrachten. Auf der einen Seite ist er ein Absatzmittler und zugleich auch Kunde. Weiterhin muss die Analyse standortindividuelle Faktoren der Franchise-Nehmer prüfen und diese mit den Ergebnissen des Franchise-Gebers abgleichen.

Im Anschluss an die Situationsanalyse erfolgt die Setzung der Unternehmens- und Marketingziele. Grundsätzlich lassen sich Ziele anhand unterschiedlicher Kriterien systematisieren.[156] So wird nach dem **Inhalt**, z.B. ökonomische oder psychographische Ziele, unterschieden. Eine weitere Möglichkeit der Unterscheidung wird durch den **Bewertungsmaßstab** vorgenommen. Es wird zwischen monetären und nicht-monetären Zielsetzungen differenziert. Die Zielsetzungen werden häufig auch **hierarchisch** unterteilt. Der **zeitliche Horizont** der Zielsetzung kann als weiteres Kriterium herangeführt werden. Die Einteilung erfolgt in strategische (langfristig), taktische (mittelfristig) und operative (kurzfristig) Zielsetzungen. Von besonderer Bedeutung ist das Abstimmen der einzelnen Zielsetzungen aufeinander. Bei Franchise-Systemen müssen sich die Zielsetzungen des Franchise-Nehmers aus den Zielsetzungen des Franchise-Gebers ableiten lassen.[157] Aus diesem Grund empfiehlt sich der Entwurf eines Formblattes, welches Auskunft über die angestrebten Ziele gibt.

Im Anschluss an die Entwicklung der Marketingziele erfolgt die Bestimmung der Marketingstrategien, deren Aufgabe es ist, Marketingentscheidungen und -instrumente an den Bedarf- und Wettbewerbsentscheidungen auszurichten.[158] Grundsätzlich lassen sich zwei Arten von Marketingstrategien unterscheiden:[159] Fokussiert sich die Marketingstrategie auf einen bestimmten Bereich des Marketing-Mix, so wird von einer **Instrumentalstrategie** gesprochen.

---

[155] Vgl. Nebel, N.: Die Marketingkonzeption, 2003, S. 106.
[156] Vgl. Schneider, W.: Marketing, 2007, S. 37.
[157] Vgl. Nebel, N.: Die Marketingkonzeption, 2003, S. 110.
[158] Vgl. Hofer, S.: Zukunftstrend Franchising, 2007, S. 30./ vgl. Nebel, J.: Die Marketingkonzeption, 2003, S. 110.
[159] Vgl. Schneider, W.: Marketing, 2007, S. 57.

Werden im Gegensatz dazu die Instrumente und verschiedenen Maßnahmen miteinander kombiniert, so spricht man von einer **Basisstrategie**, die wiederum in kundenorientierte, konkurrenzorientierte und unternehmensübergreifende Strategien unterteilt werden.

Nach Bestimmung der Marketingziele und -strategien erfolgt die Planung des Marketing-Mix, der den operativen Einsatz der Marketinginstrumente festlegt, um die angestrebten Zielsetzungen und Strategien zu erreichen.[160] Die verschiedenen Kombinationsmöglichkeiten bei der Gestaltung des Marketing-Mix und deren Wirkung stellen häufig die größte Herausforderung dar. Der Marketing-Mix lässt sich in vier unterschiedliche Bereiche unterteilen:

Produktmix: Durch den Produktmix wird festgelegt, welche Güter und Dienstleistungen dem Kunden angeboten werden. Als die wichtigsten Aufgabenbereiche lassen sich die Produktgestaltung, die Markierung von Produkten, der Service, der Kundendienst und die Sortimentspolitik identifizieren.[161]

Konditionenmix: Der Konditionenmix umfasst die Bereiche Preisgestaltung, Rabattsysteme, Liefer- und Zahlungsbedingungen. Für Rabattsysteme, die das ganze System betreffen, ist es wichtig zu klären, welche Seite der Systempartner den Preisnachlass trägt.[162] Außerdem sind individuelle Rabattsysteme des Franchise-Nehmers auf die Richtlinien des Systems abzustimmen.

Distributionsmix: Der Distributionsmix legt fest, auf welchem Weg das Produkt zum Kunden gelangt. Die Frage nach den Absatzkanälen ist bei Franchise-Netzen prinzipiell nicht mehr neu zu beantworten. Auch beim Franchising bietet sich das Internet als zusätzlicher Absatzkanal an. Allerdings gilt es, den Verkauf gut zu planen, denn dieser sorgt nicht selten für systeminterne Konkurrenz.[163] Der Franchise-Nehmer ist vor der Vertragsunterzeichnung über den Internetverkauf in Kenntnis zu setzen, da auch der Absatz an Kunden seines Vertragsgebietes erfolgen kann.

Kommunikationsmix: Der Kommunikationsmix ist die konkrete Zusammensetzung von Instrumenten und deren Ausprägung, die ein Unternehmen zur Realisierung seiner kommunikativen Aufga-

---

[160] Vgl. Meffert, H.: Marketing, 2000, S. 971.
[161] Vgl. Nebel, N.: Die Marketingkonzeption, 2003, S. 118.
[162] Vgl. Nebel, N.: Die Marketingkonzeption, 2003, S. 118.
[163] Vgl. Flohr, E.: Franchiseverträge, 2006, S. 88./ vgl. Saleh, S.; Kleiner, B.: Effective Franchise Management, 2005, S. 75.

ben einsetzt.[164] Zu den Kommunikationsinstrumenten zählen Werbung, Verkaufsförderung, Public Relations, Sponsoring und der persönliche Verkauf. In den vergangenen Jahren haben sich neue Kommunikationsinstrumente entwickelt, wie z.B. das Event-Marketing oder das Internet, die den Bereich des Kommunikationsmix erweitern.[165] Die Herausforderung bei der Gestaltung der Kommunikationsinstrumente liegt zum einen in der Vielfältigkeit der Kombinationsmöglichkeiten begründet und zum anderen in den Wechselbeziehungen bei einem kombinierten Einsatz.[166]

Ist die Planungsphase abgeschlossen, folgt die Implementierungsphase. Im Rahmen einer ergebnisorientierten Marketing-Kontrolle gilt es nun zu prüfen, ob die angestrebten Ziele durch die eingeleiteten Maßnahmen erreicht wurden.[167]

3.3.3 Marke und Kennzeichnung

Bereits bei der Planung des Franchise-Pakets ist der Rechtsschutz nach außen und innen zu sichern.[168] Der Schutz kann sich nicht nur gegenüber den auf dem Markt agierenden Konkurrenzunternehmen bewähren, sondern auch bei Konflikten mit internen Vertragspartnern. Eine sichere Marke stellt die Grundvoraussetzung für ein funktionierendes und schlüssiges Franchise-Konzept dar. Sie dient dem Vertriebsnetz dabei als Träger immaterieller Güter[169] und transportiert das Image, das mit einem Produkt oder einer Dienstleistung verbunden ist. Bei der Konzeption der Marke ist vor allem auf das Kriterium Unterscheidungsfähigkeit zu achten.[170] Ist das Zeichen verwechslungsfähig, kann der Antrag über die Schutzrechte abgelehnt werden. Es empfiehlt sich, eine gründliche Recherche

---

[164] Vgl. Fuchs, W.; Unger, F.: Management der Marketing-Kommunikation, 2007, S. 153.

[165] Vgl. Nebel, N.: Die Marketingkonzeption, 2003, S. 129.

[166] Vgl. Fuchs, W.; Unger, F.: Management der Marketing-Kommunikation, 2007, S. 153.

[167] Vgl. Schneider, W.: Marketing, 2007, S. 11.

[168] Vgl. Skaupy, W.: Franchising, 1995, S. 82.

[169] Zu den immateriellen Gütern zählen alle geistigen Werte, die ein Mensch geschaffen hat, indem er einem bloßen Gedanken eine für dritte Personen wieder erkennbare Form verleiht, z.B. eine Schrift form, Zeichnung oder Namen, vgl. Wessels, A.; Flohr, E.: Erkennungszeichen des Franchisesystems, 2003, S. 72.

[170] Vgl. Wessels, A.; Flohr, E.: Erkennungszeichen des Franchisesystems, 2003, S. 73 f./ vgl. Skaupy, W.: Franchising, 1995, S. 86.

vor der Beantragung durchzuführen. Diese kann auch mithilfe von spezialisierten Markenanwälten erfolgen. Die Recherche richtet sich jedoch nicht nur auf die Marke selbst, sondern auch auf die Warenklassen, die vom Schutzbereich umfasst werden.[171] So wird bei der Eintragung der Marke zwischen vierunddreißig Warenklassen und acht Dienstleistungsklassen unterschieden. Nach § 3 Abs. 1 des MarkenG „(...) können alle Zeichen, insbesondere Wörter einschließlich Personennamen, Buchstaben, Zahlen, Hörzeichen, dreidimensionale Gestaltungen einschließlich der Form einer Ware oder ihre Verpackung, sowie sonstige Aufmachungen einschließlich Farben und Farbzusammenstellungen geschützt werden, die geeignet sind, Waren oder Dienstleistungen eines Unternehmens von denjenigen anderer Unternehmen zu unterscheiden."[172]

Bei farbig gestalteten Wortbildmarken sind die einzelnen Farben nach der jeweiligen RAL/ HKS-Nummer[173] bzw. die Pantone-Angaben zu berücksichtigen.[174]

Eine weitere Form des Rechtsschutzes ist die Sicherung einer Domain im Internet. Dieser Schutz bezieht sich allerdings nur auf das Medium Internet und lässt sich nicht mit einem Marken- und Firmenschutz vergleichen.[175] In Bezug auf die Domain und die eigentliche Marke sollte frühzeitig eine mögliche Internationalisierung in Betracht gezogen werden. Der Schutz einer Marke erfolgt auf nationaler oder internationaler Ebene. Die notwendige Eintragung der Marke erfolgt bei der WIPO in Genf und beinhaltet alle Länder, die dem Madrider Markenabkommen und dem Madrider Protokoll angeschlossen sind.[176] Eine weitere Möglichkeit ist das Beantragen einer Gemeinschaftsmarke für die Länder der Europäischen Union. Wird dieser Schutz gewährt, ist keine weitere Markenanmeldung in Deutschland notwendig. Neben der eigentlichen Marke sollte der Franchise-Geber die Anmeldung weiterer eventueller Schutzrechte wie Patente, Gebrauchs- und Geschmacksmuster

---

[171] Vgl. Wessels, A.; Flohr, E.: Erkennungszeichen des Franchisesystems, 2003, S.72.

[172] o.V.: Gesetz über den Schutz von Marken, Bundesministerium für Justiz, 07.01.2008, S. 7.

[173] RAL und HKS bezeichnen Farbsysteme für Lacke und Druckfarben

[174] Vgl. Typischer Inhalt eines Franchise-Vertrages, 2003, S. 103.

[175] Vgl. Wessels, A.; Flohr, E.: Erkennungszeichen des Franchisesystems, 2003, S. 73.

[176] Vgl. Wessels, A.; Flohr, E.: Erkennungszeichen des Franchisesystems, 2003, S. 73.

erwägen, die dann auch als Bestandteil in den Franchise-Vertrag aufgenommen werden.[177] Wird der Rechtsschutz für die Marke gewährt, so gilt dieser für einen Zeitraum von zehn Jahren. Innerhalb dieses Zeitraumes sind die Schutzrechte vom Franchise-Geber zu verteidigen.[178] Eine Unterlassung der Verteidigung kann zum Verlust der Rechte auf den Markenschutz führen. An einer Verteidigung der Markenrechte sind laut Literatur auch die Franchise-Nehmer zu beteiligen, die bei Schutzrechtsverletzungen den Franchise-Geber unmittelbar darüber in Kenntnis zu setzen haben.[179]

3.3.4 Controlling und Qualitätssicherung

Eine wesentliche Komponente des Franchise-Pakets ist das System-Controlling. Die Implementierung sollte möglichst zu Beginn der Aufbauphase erfolgen, denn eine nachträgliche Einführung ruft häufig Widerstand bei den Franchise-Nehmern hervor.[180] Das Controlling dient den Systempartnern als Kontroll- und Steuerinstrument und ist eine unabdingbare Komponente der Dienstleistungen des Franchise-Gebers.[181] Die Fortführung des System-Controllings erfolgt durch die Systemzentrale, die in Abschnitt 3.4 beschrieben wird.

Franchise-Systeme sind komplexe Gebilde, deren Erfolg durch eine Vielzahl unterschiedlicher Erfolgsfaktoren beeinflusst wird. Aus diesem Grund sind die Berücksichtigung dieser Faktoren sowie die Analyse von Abweichungen von großer Bedeutung. Die durch das Controlling gewonnenen Daten geben dem Franchise-Nehmer Sicherheit hinsichtlich seiner wirtschaftlichen Situation und unterstützen ihn bei der Betriebsführung.

Ahlert definiert Controlling als „(...) Managementunterstützung durch Information und Koordination."[182] Über die genauen Aufgaben des Controllings herrscht in der Literatur kein Konsens. *Ahlert*

---

[177] Vgl. Metzlaff, K.: Typischer Inhalt eines Franchise-Vertrages, 2003, S. 102./ vgl. Skaupy, W.: Franchising, 1995, S. 82.

[178] Vgl. Flohr, E.: Franchise-Verträge, 2006, S. 200./ vgl. Metzlaff, K.: Typischer Inhalt eines Franchise- Vertrages , 2003, S. 105.

[179] Vgl. Metzlaff, K.: Typischer Inhalt eines Franchise-Vertrages, 2003, S. 105./ vgl. Wessels, A.; Flohr, E.: Erkennungszeichen des Franchisesystems, 2003, S. 79.

[180] Vgl. Thunig, C.: Unternehmerische Aspekte des Franchising, 2003, S. 1067.

[181] Vgl. Boehm, H.: Systemcontrolling in Franchisesystemen, 2003, S. 215.

[182] Vgl. Ahlert, M.: Controllingkonzeptionen für Franchisesysteme, 2003, S. 185.

argumentiert, dass es keine allgemeingültige Aufgabendefinition geben kann, da diese ein unternehmensindividuelles Gestaltungsproblem darstellt.[183] Der Aufbau des Controllings erfolgt also nur systemindividuell.

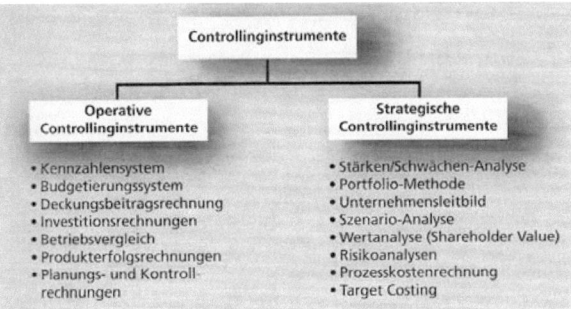

Abb. 2 Ebenen des Controllings
(Quelle: Hillenhinrichs, T.: Controlling-Konzeption für Franchisesysteme, 2003, S. 179.)

Zur Steuerung des Franchise-Systems stehen dem Franchise-Geber verschiedene Methoden zur Verfügung, die in operative und strategische Controllinginstrumente unterteilt werden. Vor allem das Kennzahlensystem und Betriebsvergleiche werden häufig als Instrumente in Franchise-Systemen eingesetzt.[184] Kennzahlen basieren u.a. auf Umsätzen, Kostenstrukturen, Liquidität und dem Einkommen der Systempartner.[185] Dabei besteht die Notwendigkeit einer einheitlichen Buchhaltung und Aufbereitung. Auf Basis der ermittelten Kennzahlen werden Benchmarks[186] angefertigt, an denen sich die einzelnen Betriebe orientieren. In einem zweiten Schritt werden nun mithilfe dieser Kennzahlen Betriebsvergleiche vorgenommen. Bei Abweichungen von Referenzwerten wird versucht, die möglichen Ursachen zu identifizieren.

Neben den beschriebenen quantitativen Instrumenten eignet sich das Controlling für den Franchise-Geber auch als Marktforschungs-

---

[183] Vgl. Ahlert, M.: Controllingkonzeptionen für Franchisesysteme, 2003, S. 185.
[184] Vgl. Hillenhinrichs, T.: Controlling-Konzeption für Franchisesysteme, 2003, S. 184 ff./ vgl. Thunig, C.: Unternehmerische Aspekte des Franchising, 2003, S. 1066.
[185] Vgl. Thunig, C.: Unternehmerische Aspekte des Franchising, 2003, S. 1066.
[186] Ein Benchmark wird als Referenzmaßstab zur Einschätzung der eigenen Leistungen in Bezug auf Produkte oder Prozesse genutzt, vgl. Meffert, H.: Marketing, 2000, S. 391.

instrument, mit dem sich auch qualitative Aspekte, wie etwa die Kundenzufriedenheit, identifizieren lassen.[187]

Eine weitere Komponente des Franchise-Pakets ist die Qualitätssicherung.[188] Ein durch den Franchise-Geber initiiertes Qualitätsmanagement vermeidet Fehler und Abweichungen der Waren und Dienstleistungen. Für den Systeminhaber ist die gleich bleibende Qualität der Waren und Dienstleistungen die Grundlage für den Aufbau einer Marke.[189]

3.4 Aufbau einer Systemzentrale

Nach der Erstellung des Franchise-Pakets sollte mit dem Aufbau einer Systemzentrale begonnen werden. Zu den Kernaufgaben zählt die Erbringung der im Franchise-Vertrag und Franchise-Paket zugesicherten Leistungen gegenüber dem Franchise-Nehmer.[190] Die jeweiligen Strukturen und die Aufgaben der Zentrale werden dabei durch den Umfang und die Branche der Leistungserstellung bestimmt und variieren daher. Außerdem führt die Expansion eines Systems häufig zu veränderten Anforderungen an den weiteren Ausbau der Systemspitze. Nach *Nebel* zählen folgende Aufgaben zu den wesentlichen Unternehmensfunktionen, die von jeder Systemzentrale zu erfüllen sind:

- „Ziele und Strategie (egal, ob dies bewusst oder unbewusst geschieht)
- Leistungsgestaltung (Warensortiment und/oder zu erbringende Dienstleistungen)
- CD, CC
- Werbung, PR
- Promotion
- Verkauf
- Eröffnung von Franchisenehmerbetrieben (Einrichtung und Ausstattung)
- Events

---

[187] Vgl. Boehm, H.: Systemcontrolling in Franchisesystemen, 2003, S. 214.
[188] Vgl. Skaupy, W.: Franchising, 1995, S. 81.
[189] Vgl. Kieser, W.: Zweck und Aufgaben der Systemzentrale, 2003, S. 135.
[190] Vgl. Skaupy, W.: Franchising, 1995, S. 97.

- Training und Ausbildung
- Handbuchaktualisierung
- Franchisenehmerauswahl und -gewinnung
- Betreuung der Franchisenehmer, Kontakte und Besuche, Überprüfung der Entwicklung des Systemstandards
- Finanzierung, Steuern, Buchführung
- Wirtschaftlichkeitsberechnung
- Betriebsvergleiche
- Beschaffung
- Lieferung, Transport, Lagerung, Logistik
- EDV
- Technischer Support, soweit systembedingt erforderlich"[191]

Aufgrund der Vielfalt der zu erbringenden Leistungen, empfiehlt sich eine Gliederung in verschiedene Abteilungen oder Teams.[192] Einzelne Arbeitsabläufe sind neben der Zuordnung zu Personen auch in einem Prozess-Handbuch festzuhalten.[193] Vor allem zu Beginn der Aufbauphase arbeitet der Franchise-Geber häufig mit einer begrenzten Mitarbeiteranzahl, die mit einer Vielfalt unterschiedlicher Aufgaben konfrontiert wird. Der Aufbau der Zentrale hat trotz der Fülle und Vielfalt der Aufgaben nach *Skaupy* mit Bedacht zu erfolgen, denn es entwickelt sich schnell eine hohe Kostenlast.[194] *Nebel* hingegen argumentiert, dass schon während der Anfangsphase drei bis vier Mitarbeiter notwendig sind, um den verschiedenen Aufgaben gerecht zu werden.[195] Dieser Anspruch ist allerdings nur durch eine solide Finanzierung[196] zu gewährleisten. Die Zentrale muss neben der Deckung der anfallenden Kosten auch noch einen Gewinn für den Franchise-Geber erzielen.[197] Die Finanzierung der Zentrale erfolgt in der Regel durch die Einnahme einer einmaligen Eintrittsgebühr, den Franchise-Gebühren, dem Verkauf von Produkten an

---

[191] Nebel, J.: Errichtung und Leistung der Systemzentrale, 2003, S. 213.
[192] Vgl. Frauenhuber, W.: Die Prozesse in einem Franchisesystem, 2003, S. 141./ vgl. Skaupy, W.: Franchising, 1995, S. 99.
[193] Vgl. Kieser, W.: Zweck und Aufgaben der Systemzentrale, 2003, S. 130.
[194] Vgl. Skaupy, W.: Franchising, 1995, S. 97.
[195] Vgl. Nebel, J.: Errichtung und Leistung der Systemzentrale, 2003, S. 217.
[196] Vgl. 3.1.2
[197] Vgl. Thunig, C.: Unternehmerische Aspekte des Franchising, 2003, S. 1058.

den Franchise-Nehmer, Werbegebühren und gegebenenfalls Gebühren für die EDV und Buchhaltung.[198] Die Anfertigung einer Wirtschaftlichkeitsberechnung stellt eine besondere Herausforderung dar. Werden die im Vertrag festgehaltenen Gebühren zu niedrig angesetzt, kann dies zu Problemen bei der Leistungserbringung gegenüber den Partnern führen. Werden die Gebühren hingegen zu hoch angesetzt, können Nachteile gegenüber Konkurrenzunternehmen entstehen. Nach *Bellone* sind im Rahmen der Wirtschaftlichkeitsberechnung, die Entwicklungskosten des Konzeptes, die Expansionsplanung, Planumsätze, Gebührenannahmen, Produktmargen, der Kostenaufwand für die Systemzentrale sowie der Kostenaufwand und Ertrag für den Partnerbetrieb bei der Berechnung zu berücksichtigen.[199] Entsprechend der Expansionsplanung werden die Planumsätze der Franchise-Nehmer aufgerechnet und davon die angenommenen Gebühren abgezogen. Diese Gebühren werden dann in einem zweiten Schritt mit anfallenden Margen und Provisionen addiert und jährlich als Umsatz des Franchise-Gebers gerechnet. Diesen Umsätzen werden die Kosten für die Systementwicklung, sowie die anfallenden Aufwendungen der Systemspitze gegenübergestellt. Andere Autoren sehen eine sukzessive Anpassung von Eintrittsgebühren bei wachsender Attraktivität des Systems vor.[200] Diese soll eine schnellere Expansion des Systems ermöglichen sowie eine übermäßige Belastung der ersten Systempartner vermeiden. Allerdings muss bei einer solchen Anpassung eine adäquate Kapitalbasis zur Verfügung stehen, um die Zeit bis zur Rentabilität der Systemzentrale zu überbrücken.

Um die Kosten der Systemspitze zu reduzieren, bietet sich das Outsourcing bestimmter Funktionen auf externe Dienstleistungsunternehmen an.[201] Allerdings sollte dieser Prozess keine Kernfunktionen beinhalten und zu einer Kostenreduktion führen. Vor allem während der Wachstumsphase bietet sich diese Alternative an, um sich den veränderten Anforderungen anzupassen.

Neben der Struktur und der Finanzierung sind weitere Aspekte, wie z.B. die **Führungsstile** beim Aufbau einer Systemzentrale zu be-

---

[198] Vgl. Skaupy, W.: Franchising, 1995, S. 101.

[199] Vgl. Bellone, V.: Standardisierung von Produkten und Dienstleistungen, 2003, S. 68./ vgl. Skaupy, W.: Franchising, 1995, S. 105.

[200] Vgl. Thunig, C.: Unternehmerische Aspekte des Franchisings, 2003, S. 1058./ vgl. Skaupy, W.: Franchising, 1995, S. 103.

[201] Vgl. Nebel, J.: Outsourcing im Franchisesystem, 2003, S. 496.

rücksichtigen. Franchise-Systeme bilden in Bezug auf Führungsstile eine eigene Gesetzmäßigkeit, denn sie lassen unterschiedliche Führungsstile zugleich zu.[202] Das Führungsverhalten gegenüber den eigenen Mitarbeitern in der Systemzentrale weicht in vielen Fällen von dem Führungsstil gegenüber den Systempartnern ab. Ein wesentliches Ziel der Führungsarbeit einer Franchise-Zentrale ist es, die Mitarbeiter zu kompetenten Problemlösungen und eigenverantwortlichen Mitdenkern anzuregen, denn diese sind die Vermittler zwischen der Führungsspitze und den Franchise-Nehmern.[203] Ein partizipativer und kooperativer Führungsstil kann in Kombination mit flachen Hierarchien die Motivation der Systempartner fördern.[204]

3.5 Franchise-Verträge

Franchising als Vertriebsform für Waren und Dienstleistungen ist im Gegensatz zu anderen europäischen Ländern, in Deutschland gesetzlich nicht geregelt, doch durch eine Fülle juristischer Urteile vergleichsweise umfassend durchleuchtet.[205] Bei Franchise-Verträgen handelt es sich um einen **typengemischten Vertrag** aus **fakultativen** und **obligatorischen** Elementen, bei denen ein kompliziertes Geflecht aus zahlreichen Gesetzesvorschriften, aus nahezu allen Bereichen, wie z.B. Handelsrecht, Schuldrecht, Wettbewerbsrecht und gewerblicher Rechtsschutz Anwendung findet. Auf europäischer Ebene hingegen, gilt die „Gruppenfreistellungsverordnung für Vertikale Vertriebsvereinbarungen".[206] Die Verträge werden in der Regel nicht individuell abgeschlossen und den Franchise-Nehmern bleibt lediglich die Möglichkeit, die Bedingungen und Kon- ditionen zu akzeptieren. Im Folgenden wird nun ein Überblick über die wesentlichen Kriterien und Inhalte einer Franchise-Vereinbarung gegeben. Aus den oben genannten Gründen kann eine Betrachtung nicht erschöpfend und allumfassend gestaltet werden.

---

[202] Vgl. Frauenhuber, W.: Führung in Franchisesystemen, 2001, S. 151./ vgl. Meurer, J.: Führung in Franchisesystemen, 1997, S. 150 ff.

[203] Vgl. Frauenhuber, W.: Führung in Franchisesystemen, 2001, S. 154.

[204] Vgl. Schulz, A.; Wessels, A.; Braeuninger-Weimer, R.: Streit beilegen oder Streit austragen, 2003, S. 412.

[205] Vgl. Ditges, F.: Franchising, 2005, S. 53.

[206] Vgl. Ditges, F.: Franchising, 2005, S. 53.

3.5.1 Vorvertragliche Aufklärungspflichten

An die Erfüllung von Aufklärungs- und Offenbarungspflichten bei der Gewinnung von Franchise-Partnern werden in der deutschen Rechtsprechung hohe Anforderungen gestellt.[207] Aus diesem Grund werden diese Pflichten einer ausführlichen Betrachtung unterzogen. Bereits bei Aufnahme von Vertragsverhandlungen besteht ein **vorvertragliches Vertrauensverhältnis**, welches die Vertragspartner zur Sorgfalt und damit zur vorvertraglichen Aufklärung verpflichtet.[208] Alle wesentlichen Fakten sind im Rahmen der Vertragsverhandlungen, wahrheitsgemäß, unmissverständlich und vollständig zu erläutern. Zwar muss auch der Systempartner Informationen an den Franchise-Geber herausgeben, die Auskunft über seine beruflichen Fähigkeiten, persönlichen Eigenschaften und finanziellen Möglichkeiten geben, aber insbesondere der Franchise-Geber wird bei den Vertragsverhandlungen in eine besondere Verantwortung gegenüber dem Interessenten genommen. Bei einer Verletzung der Aufklärungspflichten gilt eine Beweislastumkehr, die den Franchise-Geber verpflichtet, den Nachweis zu erbringen, den Partner ausreichend und wahrheitsgemäß informiert zu haben.[209] Diese Beweislastumkehr findet Anwendung, da nur der Systeminhaber einen Einblick in die Vorgänge des Systems hat. Der jeweilige Umfang der Aufklärungspflichten hängt vom konkreten Einzelfall ab. Zudem ist die Rechtsprechung der unterinstanzlichen Gerichte in Deutschland uneinheitlich.[210]

Allerdings lässt sich der Ethikkodex des DFV für eine Beurteilung des Umfangs heranziehen. Demnach sind folgende Richtlinien während der vorvertraglichen Aufklärungsphase zu berücksichtigen:

- „Die Werbung zur Gewinnung von Franchise-Nehmern soll ohne Zweideutigkeiten und ohne irreführende Angaben erfolgen.

---

[207] Vgl. Flohr, E.: Franchise-Vertrag, 2006, S. 24. / vgl. Martinek, M.: Standortanalyse und Wirtschaftlichkeitsberechnung für Franchisebetriebe, 2003, S. 249.

[208] Vgl. Erdmann G.: Vorvertragliche Aufklärungs- und Offenbarungspflichten, 2003, S. 52.

[209] Vgl. Erdmann G.: Vorvertragliche Aufklärungs- und Offenbarungspflichten, 2003, S. 52./ vgl. Eßer, G.: Franchising, 1995, S. 113.

[210] Vgl. Metzlaff, K.: Typischer Inhalt eines Franchise-Vertrages, 2003, S. 81 f.

- Alle Anzeigen und jedes Werbematerial zum Zwecke der Franchise-Nehmer-Gewinnung, die direkt oder indirekt auf von den einzelnen Franchise-Nehmern zu erwartende, in Zukunft mögliche Ergebnisse, Zahlen oder Verdienste eingehen, haben sachlich richtig und unmissverständlich zu sein.

- Um es dem angehenden Franchise-Nehmern zu ermöglichen, jede bindende Abmachung in voller Kenntnis der Sachlage zu treffen, wird innerhalb einer angemessenen Frist vor der Unterzeichnung dieser bindenden Abmachung ein Exemplar des gültigen Verhaltenskodexes ebenso wie die vollständige und genaue schriftliche Offenlegung aller für das Franchise-Verhältnis wichtigen Informationen und Unterlagen übergeben werden."[211]

Fraglich ist in diesem Zusammenhang jedoch wie lange ein **angemessener Zeitraum** für die Übergabe der notwendigen Informationen ist. In der Literatur finden sich keine eindeutigen Hinweise über den Zeitpunkt der Übergabe.

Weitere Hinweise in der Literatur deuten darauf hin, dass der Franchise-Geber eine **Standortanalyse** zu erstellen hat.[212] *Flohr* betont zwar die Notwendigkeit dieser Analyse, legt diese jedoch in den Verantwortungsbereich des Franchise-Nehmers, der durch die Bereitstellung von Daten über vergleichbare Betriebe des Franchise-Gebers unterstützt werden sollte.[213]

Des Weiteren muss der Franchise-Geber den Interessenten richtig und vollständig über die Rentabilität des Systems unterrichten.[214] Außerdem hat der Systeminhaber eine detaillierte Auflistung sämtlicher Kosten zu erstellen, die auch finanzielle Reserven für den Zeitraum von einem Jahr, für die Anlaufphase berücksichtigt.[215]

---

[211] o.V.: Ethikkodex für Mitglieder und assoziierte Mitglieder, DFV, 13.11.2007, S. 2 f.

[212] Vgl. Kutta, D.; Mühlhaus, K.: Gründung Franchising 2007/2008, 2005, S. 189./ vgl. Martinek, M.: Standortanalyse und Wirtschaftlichkeitsberechnung für Franchisebetriebe, 2003, S. 243 ff./ vgl. Metzlaff, K.: Typischer Inhalt eines Franchise-Vertrages, 2003, S. 81 f.

[213] Vgl. Flohr, E.: Franchising im Recht, 2007, S. 84.

[214] Vgl. OLG München: Urteil vom 16.09.1993, 6 U 5495/92, Franchiserecht, 21.01.2008, o.S.

[215] Vgl. Lippert, W.: Praxis-Handbuch Existenz-Gründung, 1998, S. 226.

Trotz der hohen gesetzlichen Anforderungen muss der Franchise-Geber keine Rentabilitätsgarantie übernehmen. Allerdings sieht *Erdmann* in der derzeitigen Rechtsprechung eine Tendenz zu einer **Rentabilitätsgarantie**.[216] Für den Franchise-Geber empfiehlt es sich aus den oben genannten Gründen, eine Checkliste über die vorvertraglichen Aufklärungspflichten zu entwerfen, sowie sich den Erhalt der notwendigen Informationen vom Franchise-Nehmer quittieren zu lassen.

3.5.2 Wesentliche Kriterien und Inhalte

Der Franchise-Vertrag ist ein Dauerschuldverhältnis, bei dem der Franchise-Geber dem Franchise-Nehmer die Nutzungsrechte an einem Geschäftskonzept überträgt.[217] Aufgrund der großen Anzahl unterschiedlicher Franchise-Systeme, ist auch die Anfertigung eines Vertragswerkes mit unterschiedlichen Anforderungen verbunden. Jedes System benötigt einen individuell zugeschnittenen Vertrag, der den speziellen Eigenschaften des Systems gerecht wird.[218] Bei der Formulierung eines Franchise-Vertrages ist es von besonderer Bedeutung, dass eindeutig das gewollte Partner-Konzept mit all seinen gegenseitigen Rechten und Pflichten zum Ausdruck kommt. In diesem Zusammenhang ist das Problem der Scheinselbstständigkeit zu nennen, das in der Praxis verbreitet ist.[219] Dieses Problem tritt auf, wenn eine verstärkte Abhängigkeit zwischen dem Franchise-Nehmer als natürliche Person und der Systemzentrale vorherrscht. In der Rechtsprechung und der Literatur gibt es hierzu eine Fülle konträrer Meinungen und Ansichten, die wohl auch auf den Einfluss der unterschiedlichen Rechtsgebiete zurückzuführen sind.[220] Als Folge einer solchen Abhängigkeit vom Franchise-Geber, wird der Arbeitnehmer einem besonderen gesetzlichen Schutz unterstellt.[221] Somit sollte bei der Formulierung auf die Stellung des Sys-

---

[216] Vgl. Erdmann G.: Vorvertragliche Aufklärungs- und Offenbarungspflichten, 2003, S. 52.

[217] Vgl. Kutta, D.; Gründung und Franchising 2007/2008, 2005, S. 184.

[218] Vgl. o.V.: Existenzgründung mit System, DFV, 13.11.2007, S. 16.

[219] Vgl. Metzlaff, K.: Typischer Inhalt eines Franchise-Vertrages, 2003, S. 67 f. / vgl. Flohr, E.: Franchise-Nehmer: Arbeitnehmer oder selbständiger Absatzmittler?, 2003, S. 1 ff.

[220] Vgl. 3.5.1

[221] Vgl. Flohr, E.: Franchise-Nehmer: Arbeitnehmer oder selbständiger Absatzmittler?, 2003, S. 1.

tempartners als selbstständiger Unternehmer geachtet, sowie sein unternehmerischer Freiraum herausgestellt werden.

In der Franchise-Vertragspraxis hat sich inzwischen ein Aufbau von Vertragswerken durchgesetzt, bei dem eine Gliederung in mehrere Teile erfolgt.[222] Allerdings variiert in der Literatur auch hier die Reihenfolge. In der Regel beginnt der Franchise-Vertrag mit der Präambel, die einen stichwortartigen Überblick über das hinter dem System stehende Konzept gibt.[223] Im Anschluss werden beide Vertragsparteien vorgestellt und erwähnt, ob der Vertragsabschluss zwischen natürlichen Personen oder Kapitalgesellschaften vorgenommen wird.[224] Die Leistungen und Pflichten des Systeminhabers und des Franchise-Nehmers sind ausführlich im Vertrag zu erläutern, da dieses Geflecht aus Rechten und Pflichten das Kernstück jedes Franchise-Vertrages bildet.[225] Eine ausführliche Beschreibung der jeweiligen Rechte und Pflichten erfolgt im Anschluss an diesen Abschnitt. Des Weiteren bedarf es einer Beschreibung des Vertragsgegenstandes. Dieses beinhaltet auch eine ausführliche Beschreibung des Vertragsgebietes, denn in vielen Fällen wird dem Systempartner ein **Gebietschutz** eingeräumt.[226] In diesem zugesicherten Gebiet dürfen keine weiteren Betriebe eröffnet werden, um **systemeigene Konkurrenz** zu vermeiden. Obwohl der Gebietschutz in vielen Vertriebsnetzen praktiziert wird und teilweise auch als ein Qualitätsmaßstab für das Franchise-System herangezogen wird, finden sich auch kritische Stimmen in der Literatur. Ein festgelegtes Vertragsgebiet ermöglicht dem Franchise-Nehmer nicht, auf Veränderungen der Kundenschicht einzugehen.[227] Darüber hinaus werden erfolgreiche Systempartner in ihrer Expansion behindert. Ein weiteres wesentliches Kriterium bei der Vertragsgestaltung ist die Vertragsdauer. Grundsätzlich lässt sich ein Vertrag befristet als auch unbefristet abschließen.[228] Die Angaben zu den in der Praxis verbreiteten Laufzeiten divergieren in der Literatur. Viele Verträge

---

[222] Vgl. Hanrieder, C.: Franchising Planung und Praxis, 1991, S. 70 f.
[223] Vgl. Eßer, G.: Franchising, 1995, S. 119.
[224] Vgl. Metzlaff, K.: Typischer Inhalt eines Franchise-Vertrages, 2003, S. 67 f.
[225] Vgl. Skaupy, W.: Franchising, 1995, S. 133.
[226] Vgl. Ditges, F.: Franchising, S. 60 f.
[227] Vgl. Metzlaff, K.: Typischer Inhalt eines Franchise-Vertrages 2003, S. 76.
[228] Vgl. Metzlaff, K.: Typischer Inhalt eines Franchise-Vertrages, 2003, S. 166.

haben Laufzeiten zwischen fünf und zehn Jahren.[229] Eine Überschreitung der Erstvertragslaufzeit von mehr als zwanzig Jahren ist nicht zulässig.[230] Letztlich ist die Vereinbarung der Vertragsdauer auch von der Höhe der getätigten Investitionen des Franchise-Nehmers abhängig, denn diese müssen sich amortisieren können.[231] Regelungen über eine Vertragsverlängerung sind ebenfalls in den Vertrag aufzunehmen. Diese geben Aufschluss darüber, in welcher Form und nach welchen Regeln, die Partnerschaft fortgeführt wird. Wird keine Vertragsverlängerung durch die Vertragsparteien vorgenommen, sind offene Fragen bezüglich eines **Wettbewerbsverbotes** und der Übernahme des Geschäftsbetriebes zu klären. Im Falle eines solchen Verbotes ist allerdings eine **Entschädigungsklausel** in den Vertrag aufzunehmen, die dem Franchise-Nehmer eine finanzielle Entschädigung zum Aufbau einer neuen Existenz zugesteht.[232] Grundsätzlich ist ein Wettbewerbsverbot auf ein Jahr zu beschränken.

Einen weiteren Inhalt können Vertragsstrafen darstellen, die bei Missachtung der Vertragsinhalte durch den Franchise-Geber erhoben werden. Der formale Teil am Schluss des Vertrages regelt Fragen des Gerichtsstandes und des anwendbaren Rechts.[233]

So partnerschaftlich das Vertragsverhältnis auch gestaltet wird, letztendlich kann nicht ausgeschlossen werden, dass Konflikte zwischen den Vertragsparteien entstehen. Aus diesem Grund empfiehlt es sich, die Möglichkeit eines **Schlichtungsverfahrens** in den Vertrag mit aufzunehmen.[234] Ein Schlichtungsverfahren kann im Falle eines Konflikts eine Einigung herbeiführen, bevor es zu einer öffentlichen Auseinandersetzung vor einem ordentlichen Gericht kommt.

Ein unentbehrlicher Vertragsbestandteil, der sich meistens im Anhang des Vertragswerkes befindet, ist die Widerrufsbelehrung.[235]

---

[229] Vgl. o.V.: Der Franchise-Vertrag, Franchise Starter, 21.12.2007, o.S./ vgl. Alznauer-Lesaar, M.: So machen Sie sich als Franchisenehmer erfolgreich selbständig, 1995, S. 138.

[230] Vgl. Flohr, E.: Franchisevertrag, 2006, S. 213.

[231] Vgl. Ditges, F.: Franchising, 2005, S. 61 f.

[232] Vgl. Flohr, E.: Franchisevertrag, 2006, S. 197 f.

[233] Vgl. Hanrieder, M.: Franchising Planung und Praxis, 1991, S. 72.

[234] Vgl. Metzlaff, K.: Typischer Inhalt eines Franchise-Vertrages, 2003, S. 197.

[235] Vgl. Ditges, F.: Franchising, 2005, S. 70 f./ vgl. Metzlaff, K.: Typischer Inhalt eines Franchise- Vertrages, 2003, S. 209 f./ vgl. Arnold, J.: Das Franchise-Seminar, 1997, S. 97 f.

Diese Belehrung ist vom Franchise-Nehmer gesondert zu unterschreiben. Die Widerrufsfrist beträgt zwei Wochen.

3.5.3 Wesentliche Pflichten des Franchise-Gebers

Grundsätzlich variieren die Pflichten der beiden Vertragsparteien individuell nach dem jeweiligen Franchise-System. Einige Vertragsbestandteile lassen sich jedoch auf nahezu jedes System übertragen.

Überlassung des Know-hows: Die Hauptpflicht des Franchise-Gebers ist die Übertragung des nicht der Allgemeinheit zugänglichen Know-hows an den Franchise-Nehmer.[236] Der Franchise-Geber überträgt dem Systempartner die Rechte für den Gebrauch von Patenten, Warenzeichen und Firmensymbolen. Des Weiteren stellt der Systeminhaber alle für die Betriebsführung notwendigen Unterlagen wie Preislisten, Rezepte und Handbücher zur Verfügung.

Werden dem Franchise-Nehmer durch das Vertragswerk ausschließlich die Rechte zum Verkauf der vom Franchise-Geber produzierten Waren verliehen, so muss der Franchise-Geber eine angemessene Zahl von Ausstellungsstücken bereitstellen.

Beratungs- und Unterstützungspflichten: Diese Leistungen werden sowohl während der Gründungs- und Aufbauphase als auch während des laufenden Geschäftsbetriebes erbracht.[237] Zu diesen Leistungen zählt vor allem die Beratung bei der Ladeneinrichtung. Des Weiteren kann auch eine Standortanalyse als Leistung aufgezählt werden.[238] Der Franchise-Geber hat auch für eine angemessene Schulung des Systempartners Sorge zu tragen, welche vor der eigentlichen Eröffnung stattfindet, um eine reibungslose Betriebsführung zu gewährleisten. Darüber hinaus verpflichtet sich der Systeminhaber, kontinuierliche Schulungsmaßnahmen anzubieten.[239] Die Kosten der Schulungsmaßnahmen werden dabei in der Regel von den Franchise-Nehmern getragen. Im Rahmen dieser Maßnahmen erfolgen ein Erfahrungsaustausch sowie die Vermittlung des weiterentwickelten Know-hows. Wie die Betreuung im Einzelnen festgelegt wird, ist letztendlich systemabhängig.

---

[236] Vgl. Vortmann, J.: Franchiseverträge, 1992, S. 18.
[237] Vgl. Flohr, E.: Franchise-Vertrag, 2006, S. 95.
[238] Vgl. 3.5.1
[239] Vgl. Flohr, E.; Schulz, A.; Wessels, M.: Der Franchisevertrag, 2003, S. 245./ vgl. Pauli, K.: Franchising, 1992, S. 161./ vgl. Vortmann. J.: Franchiseverträge, 1992, S. 19.

Das Marketing besitzt in einem Franchise-System eine zentrale Rolle. Aus diesem Grund sind dem Franchise-Nehmer Marketingkonzepte bereitzustellen sowie überregionale Werbemaßnahmen durchzuführen.[240] Bei solchen Werbemaßnahmen ist es sinnvoll, den Partner vorher über den Inhalt und Zeitpunkt der Durchführung zu informieren.

Sonstige Pflichten: Zu den sonstigen Leistungen des Franchise-Gebers zählen u.a. so genannte „Pre-opening-Leistungen", die eine Beratung über Versicherungen und die Erstellung von Finanz- und Rentabilitätsplänen beinhalten.[241]

3.5.4 Wesentliche Pflichten des Franchise-Nehmers

Der Pflichtenkatalog des Franchise-Nehmers ist abhängig vom jeweiligen Franchise-System. Zu den wichtigsten Aufgaben zählt die Förderung der Absatzziele des Franchise-Gebers.[242] Im Rahmen seiner Mitwirkungspflicht hat er den Systeminhaber angemessen bei der Leistungserbringung zu unterstützen. Des Weiteren lassen sich folgende Pflichten nennen:

Franchisegebühr: Der Franchise-Nehmer verpflichtet sich, eine Gebühr als Gegenleistung für das überlassene Know-how und die weiteren Leistungen des Franchise-Gebers zu entrichten.[243] Die Art und Höhe liegt grundsätzlich im freien Ermessen der beiden Vertragsparteien. Der Franchise-Nehmer kann auch zur Entrichtung einer Werbegebühr verpflichtet werden, die dem Franchise-Geber zur Gestaltung der überregionalen Werbemaßnahmen dient.

Bezugsbindungen: In vielen Verträgen ist eine Bezugsverpflichtung von Waren enthalten.[244] Neben dem Franchise-Vertrag werden die einzelnen Bezugsverpflichtungen häufig auch im Handbuch des Franchise-Systems genauer ausgeführt.[245]

Werbemaßnahmen: Der Franchise-Nehmer kann verpflichtet werden, Werbemaßnahmen durchzuführen, sofern sich diese auf sein Vertragsgebiet beziehen. Um eine einheitliche Werbegestaltung zu

---

[240] Vgl. Flohr, E.: Franchise-Vertrag, 2006, S. 97.
[241] Vgl. Flohr, E.; Schulz, A.; Wessels, M.: Der Franchisevertrag, 2003, S. 245.
[242] Vgl. Flohr, E.: Franchise-Vertrag, 2006, S. 97.
[243] Vgl. Wildhaber, C.: Partners for Profit, 1993, S. 303.
[244] Vgl. Eßer, G.: Franchising, 1995, S. 147./ vgl. Vortmann, J.: Franchiseverträge, 1992, S. 23.
[245] Vgl. 3.2.2

garantieren, ist der Systempartner verpflichtet, auf Vorlagen des Franchise-Gebers zur Werbegestaltung zurückzugreifen.[246]

Sonstige Leistungen: Der Umfang der jeweiligen Pflichten ist beliebig erweiterbar. Verwendet der Systeminhaber ein Controlling, so ist der Franchise-Nehmer vertraglich zur Herausgabe der notwendigen Kennzahlen zu verpflichten. Er kann auch im Rahmen einer einheitlichen Buchführung dazu verpflichtet werden, einen vom Franchise-Geber ausgewählten Steuerberater aufzusuchen. Eine weitere Verpflichtung des Systempartners beinhaltet die Geheimhaltung des ihm übertragenen Know-hows.[247]

3.6 Auswahl von Franchise-Nehmern

Die Auswahl geeigneter Franchise-Partner wird in der Literatur einheitlich als die größte Herausforderung beim Aufbau eines Franchise-Systems bewertet.[248] Die Bedeutung der richtigen Auswahl wird gerade zu Beginn des Systemaufbaus betont, da der Erfolg maßgeblich von der Eignung der Systemteilnehmer abhängt.[249] Neue Partner beeinflussen durch ihre Handlungen den Ruf und das Image des Systems nachhaltig. Im folgenden Abschnitt werden die Anforderungen an den Auswahlprozess näher erläutert und im Anschluss die damit verbundenen Chancen und Risiken aufgezeigt.

3.6.1 Anforderungsprofil der Franchise-Nehmer

Die Erstellung eines Franchise-Nehmer-Profils eignet sich laut Literatur vor allem bei bereits bestehenden Franchise-Systemen, wenn sich das Persönlichkeitsbild der bisherigen Systempartner als erfolgreich bewiesen hat.[250] Das Profil orientiert sich dabei am Durchschnitt der Eigenschaften und Qualifikationen der bisherigen Part-

---

[246] Vgl. Flohr, E.; Schulz, A.; Wessels, M.: Der Franchisevertrag, 2003, S. 253.

[247] Vgl. Hanrieder, M.: Franchising Planung und Praxis, 1991, S. 74.

[248] Vgl. Kieser, W.: Zweck und Aufgaben der Systemzentrale, 2003, S. 133./ vgl. Jungmichel; G.; Gosslar, H.; Lindstam, S.: Franchisenehmer auswählen und gewinnen, 2003, S. 285./ vgl. Skaupy, W.: Franchising, 1995, S. 107.

[249] Vgl. Stanworth, J.; Stanworth, C.; Watson, A.; et al.: Franchising as a Small Business Growth Strategy, 2004, S. 542 f./ vgl. Metzlaff, K.: Typischer Inhalt eines Franchise-Vertrages, 2003, S. 66./vgl. Skaupy, W.: Franchising, 1995, S. 61.

[250] Vgl. Metzlaff, K.: Typischer Inhalt eines Franchise-Vertrages, 2003, S. 66 f./ vgl. Skaupy, W.: Franchising, 1995, S. 61./ vgl. Mendelsohn, M.: The Guide to Franchising, S. 1985, S. 66.

ner. Methoden, die sich zur Erstauswahl von Franchise-Partnern eignen, sind in der Literatur nicht zu finden. In der Gründungsphase wählen Franchise-Geber häufig Partner, die sie persönlich kennen und leichter von ihrem Konzept überzeugen können.[251] Über die Dauer des Systemaufbaus kommt es vor, dass sich Anforderungsprofile zunehmend differenzieren und Partner, die am Anfang des Lebenszyklus gewonnen wurden, nicht mehr den aktuellen Ansprüchen gerecht werden.[252] In einem solchen Fall ist die Anfertigung eines neuen Anforderungsprofils erforderlich. *Hanrieder* argumentiert, dass mit zunehmender Ausbreitung des Vertriebsnetzes die Akquisitionsprobleme abnehmen, da sich ein gewisser Bekanntheitsgrad und Imagevorstellungen vom System etabliert haben und somit auf eine größere Anzahl von potenziellen Franchise-Interessenten zurückgegriffen wird.[253]

Laut *DFV* sollte das Anforderungsprofil mindestens folgende Merkmale enthalten:

- „Alter

- Ausbildung

- Berufserfahrung

- Fähigkeiten (sowohl Leistungsfähigkeit als auch Qualifikation)

- Engagement

- Eigenkapital"[254]

Ferner sollten die Bewerber auch über Eigenschaften wie Aufgeschlossenheit, Kontaktfreudigkeit, Lernbereitschaft, Führungskompetenz, Risikobereitschaft und Teamfähigkeit verfügen.

Je genauer das Profil definiert ist, desto deutlicher wird, wie die Ansprache der Zielgruppe zu erfolgen hat.[255] Bei der Anfertigung von Anforderungsprofilen ist nach *Bellone* noch ein weiterer Aspekt zu berücksichtigen, der auf das Image der Marke abzielt.[256] Die Kandi-

---

[251] Vgl. Alznauer-Lesaar, M.: So machen Sie sich als Franchise-Nehmer erfolgreich selbständig, 1995, S. 96.

[252] Vgl. Thunig, C.: Unternehmerische Aspekte des Franchising, 2003, S. 1070.

[253] Vgl. Hanrieder, M.: Franchising Planung und Praxis, 1991, S. 94.

[254] o.V.: Existenzgründung mit System, DFV, 13.11.2007, S. 16.

[255] Vgl. Bellone, V.: Der Aufbau einer Marke mittels Franchising, 2003, S. 526.

[256] Vgl. Bellone, V.: Der Aufbau einer Marke mittels Franchising, 2003, S. 526.

daten sollten dem Image der Marke entsprechen und dieses auch durch z.B. äußerliche Merkmale oder das Alter repräsentieren.

3.6.2 Akquisition von Franchise-Nehmern

Für die Akquisition von Franchise-Nehmern steht eine Fülle an Maßnahmen und Methoden zur Verfügung. Im Zentrum der Konzeption und Gestaltung der Werbemaßnahmen steht das einheitliche CD. In den vergangenen Jahrzehnten waren vor allem Anzeigen in Printmedien ein häufig genutztes Medium für die Anwerbung von Franchise-Partnern. In Deutschland werden solche Anzeigen überwiegend in Wirtschaftszeitschriften oder Gastronomiemagazinen publiziert. Durch die gestiegene Bedeutung neuer Medien haben sich weitere Möglichkeiten für die Akquisition entwickelt. Der Internetauftritt eines Systems dient als Informationsplattform und wird zugleich kosten- und zeitsparend für die Akquisition potenzieller Partner eingesetzt.[257] Interessenten können auf der Internetseite Informationen über das Franchise-System abrufen oder eine Onlinebroschüre anfordern. Neben der eigenen Internetseite lassen sich auch Internetportale nutzen, die auf das Zusammenführen von Franchise-Gebern und Interessenten spezialisiert sind. Der 1978 gegründete DFV verfügt ebenfalls über eine Internetpräsenz, auf der Interessenten Informationen zu verschiedenen Systemen abrufen können. Allerdings muss für eine Vollmitgliedschaft[258] als Franchise-Geber ein Systemcheck absolviert werden, der potenzielle Franchise-Partner vor unseriösen Systemen schützen soll.

Die Konsultation spezieller Personaldienstleistungsunternehmen, die seit einigen Jahren auch auf dem deutschen Markt vertreten sind, ist eine weitere Möglichkeit, den Kontakt zu Franchise-Interessierten aufzubauen. Diese Firmen unterstützen den Eigentümer bei der Suche und Auswahl von Franchise-Partnern.

Vor allem Messen werden von vielen Unternehmen als weiteres Medium für die Akquisition von Partnern genutzt. So gibt es in Deutschland eine Anzahl unterschiedlicher Messen, die ihren Fokus

---

[257] Vgl. o.V.: Buy my franchise, 2007, S. 28 f./ vgl. Saleh, S.; Kleiner, H.: Effective Franchise Management, 2005, S. 76.

[258] Für eine Vollmitgliedschaft muss der Franchise-Geber mindestens zwei Jahre am Markt tätig sein und zugleich mit mindestens zwei Franchise-Nehmern zusammenarbeiten, vgl. Info-Paket des Deutschen Franchise-Verband e.V., DFV, 23.01.208, S. 2.

auf das Franchising legen. Nach *Hanrieder* unterstützt auch eine Kombination von Akquisitionswerbung und Image- und Verkaufs-werbung die Durchsetzung eines Systems positiv.[259] Werbebroschü-ren können z.B. mit Informationen für Franchise-Interessierte verse-hen werden.

Ein weiteres wichtiges Medium ist die persönliche Empfehlung, vor allem von bereits bestehenden Lizenznehmern.[260]

Die Expansion eines Systems wird langfristig die Ausrichtung der Akquisitionswerbung beeinflussen.[261] Im Laufe der Systemexpansi-on kann eine verstärkt lokale Werbung erforderlich werden, um be-stehende Lücken im Vertriebsnetz zu schließen. Einige Systeme mit hohem Bekanntheitsgrad verzichten nach einigen Jahren sogar auf den Einsatz nationaler Werbemaßnahmen, da sie über eine große Anzahl von Bewerbern verfügen.

3.6.3 Chancen und Risiken bei der Auswahl

Welche Maßnahmen für die Ansprache von potenziellen Partnern letztendlich gewählt werden sollten, lässt sich nicht eindeutig für jedes System festlegen. In vielen Fällen eignet sich eine Kombination der einzelnen Maßnahmen. Gerade zu Beginn des Systemaufbaus wird die Wahl der Maßnahmen in vielen Fällen auch durch finan-zielle Gesichtspunkte beeinflusst. Anzeigenwerbung in Printmedien und Messeauftritte sind mit hohen Kosten verbunden. Die eigene Internetseite sowie Internetportale bieten im Vergleich kostengüns-tige Alternativen.[262] Unternehmen sparen durch diese Möglichkeit des Informationsaustausches erhebliche Kosten für Broschüren und Portokosten ein. Des Weiteren besteht die Möglichkeit einen Online-fragebogen auf der Internetseite zu integrieren, der durch auf dem Anforderungsprofil basierende Filterfragen ungeeignete Kandidaten selektiert. Die durch den Fragebogen gewonnenen Daten bieten sich auch für die Optimierung des Kommunikationsmix an. Das Fran-chise-System Subways gewinnt mehr als 80 Prozent seiner Bewerber über die eigene Internetseite. *Jungmichel*, *Gosslar* und *Lindstram* ar-gumentieren hingegen, dass sich durch das Internet keine per-

---

[259] Vgl. Hanrieder, M.: Franchising Planung und Praxis, 1991, S. 95.
[260] Vgl. Hanrieder, M.: Franchising Planung und Praxis, 1991, S. 96.
[261] Vgl. Foward, J.; Fulop, C.: Elements of a Franchise, 1993, S. 163.
[262] Vgl. o.V.: Buy my franchise, 2007, S. 28 f.

sönliche Beziehung zu den Bewerbern aufbauen lässt und sich dieses Medium somit als alleiniges Instrument nicht eignet.[263]

Ein weiterer Ansatz zur Optimierung der Auswahl von Systempartnern ist das Self-Selection-Konzept.[264] In der Regel werden neben der Eintrittsgebühr auch variable Zahlungen, die sich nach dem monatlichen Umsatz richten, an die Systemzentrale vom Franchise-Nehmer erbracht.[265] Die zentrale Idee dieses Ansatzes liegt in der Errichtung einer „Eintrittsbarriere", um das Auswahlrisiko unproduktiver Partner zu reduzieren. Im Gegensatz zu variablen Gebühren wird ein Teil der Gebühr als Fixum festgelegt. Dieses Fixum soll für unproduktive Interessenten eine größere Last darstellen und sie so von einem Systembeitritt abhalten. Der Franchise-Nehmer wird durch die fixen Zahlungen in die Verpflichtung genommen, einen Umsatz zu erwirtschaften, der neben seinen laufenden Kosten auch die Franchise-Gebühren trägt. Allerdings stellt dieser Ansatz hohe Anforderungen an die Selbsteinschätzung der Bewerber.[266]

Ein anderer Aspekt, der die Suche und Ansprache von Franchise-Interessierten nach Meinung des Autors erleichtert, ist die Kenntnis über deren Motive, einem Franchise-System beitreten zu wollen. Nach einer Studie von *Withane*, an der 150 kanadische Franchise-Nehmer teilnahmen, stellen vor allem das markterprobte Franchise-System, ein geringeres Risiko, Vertrauen, sowie Unterstützung in der Startphase, Motive dar, einem System beizutreten.[267] Eine jüngere Studie mit finnischen Franchise-Nehmern kam zu ähnlichen Ergebnissen und identifizierte vor allem den Markennamen, das markterprobte Konzept sowie die Unterstützung durch den Franchise-Geber als Hauptmotive für einen Systembeitritt.[268] Allerdings wirft sich die Frage auf, ob ein relativ junges Franchise-System diesen Motiven im ausreichenden Maße gerecht wird, da einige Komponenten wie beispielsweise die Markenbekanntheit erst aufgebaut werden müssen.

---

263 Vgl. Jungmichel, G.; Gosslar, H.; Lindstam, S.: Franchisenehmer auswählen und gewinnen, 2003, S. 285.
264 Vgl. Bürkele, T.; Posselt, T.: Die Auswahl produktiver Mitglieder in Franchisesystemen, 2003, S. 87 ff.
265 Vgl. Meffert, H.: Marketing, 2000, S. 639.
266 Vgl. Bürkele, T.; Posselt, T.: Die Auswahl produktiver Mitglieder in Franchisesystemen, 2003, S. 107.
267 Vgl. Withane, S.: Franchising in Perspective, 1989, o.S.
268 Vgl. Tuuanen, M.; Hyrsky, K.: Entrepreneurial Paradoxes in Business Format Franchising, 2001, S. 54.

Eine weitere Chance, die sich bei der Suche nach Systempartnern bietet, ist die Identifizierung von spezifischem Wissen, das für eine weitere Expansion des Systems benötigt wird, denn Franchise-Nehmer können spezifisches Know-how in das System mit einbringen.[269]

Der Auswahlprozess kann aber auch mit Risiken verbunden sein, denn die Anfertigung von Anforderungsprofilen gibt noch keine Garantie für eine geeignete Auswahl. Zwar wird in der Literatur zur Anfertigung solcher Profile geraten, allerdings finden sich nur wenige Hinweise auf eine Überprüfung, der in dem Profil geforderten Eigenschaften. Vereinzelt wird, vor allem in der englischsprachigen Literatur, zum Einsatz eignungsdiagnostischer Methoden geraten, wie Persönlichkeits- und Intelligenztests.[270] Allerdings ist es fraglich, ob deren Einsatz sich für Franchise-Geber eignet, die nicht im Umgang mit diesen Instrumenten geschult sind. Weiterhin gilt es auch, gesetzliche Restriktionen zu beachten, die mit dem Gebrauch solcher Testverfahren verbunden sind. Nach einer Studie von *Alznauer-Lesaar* verlassen sich bei der Auswahl über 80 Prozent der Franchise-Geber in Deutschland auf unstrukturierte Interviews sowie die Prüfung der Bewerberunterlagen.[271] In vielen Fällen fehlt es dabei an eindeutigen Pass/Fail-Kriterien und die Entscheidungen werden aufgrund subjektiver Urteile getroffen.

Nach Meinung des Autors bieten sich Arbeitsproben im Rahmen der Eignungsprüfung an. Diese ermöglichen dem Bewerber, für einen bestimmten Zeitraum, einen tieferen Einblick in das System zu gewinnen und seine eigene Entscheidung zu überdenken. Darüber hinaus bieten solche Proben einen direkten Bezug zur Arbeitstätigkeit und somit eine hohe Messgenauigkeit. Neben Probearbeiten im Pilotbetrieb des Franchise-Gebers kann auch eine spezielle Konstruktion von Arbeitsproben erfolgen, die eine sachgerechte Anforderungsanalyse voraussetzt, um die Messgenauigkeit zu gewähr-

---

[269] Vgl. Stanworth, J.; Stanworth, C.; Watson, A.; et al.: Franchising as a Small Business Growth Strategy, 2004, S. 543.

[270] Vgl. Jungmichel, G.; Glossar, H.; Lindstam, S.: Franchisenehmer auswählen und gewinnen, 2003, S. 285./ vgl. Forward, J.; Fulop, C.: Elements of a Franchise, 1993, S. 166./ vgl. Shivell, K.; Banning, K.: Running A Successful Franchise, 1993, S. 18.

[271] Vgl. Alznauer-Lesaar, M.: So machen Sie sich als Franchise-Nehmer erfolgreich selbständig, 1995, S. 106.

leisten.[272] Das Franchise-System McDonald's unterzieht seine Bewerber einem sechsmonatigen unentgeltlichen Auswahlprozess, bei dem die potenziellen Partner in Filialen arbeiten und an Schulungsmaßnahmen teilnehmen.[273]

Nach Meinung des Autors sollte der Gebrauch von Anforderungsprofilen bei sehr jungen Systemen kritisch betrachtet werden, da für den Systeminhaber mangelnde Vergleichsmöglichkeiten bestehen. Werden besonders erfolgreiche Franchise-Nehmer für den Entwurf eines Profils herangezogen, so ist es fraglich, ob der erzielte Erfolg wirklich auf die Leistungen bzw. die Persönlichkeitseigenschaften des jeweiligen Systempartners zurückzuführen sind. So können die Unterschiede auch aus regionalen Marktpotenzialen oder Standortfaktoren resultieren, die zu einem höheren Umsatz führen.

In Bezug auf die Anforderungsprofile ist weiterhin zu überdenken, ob die gewünschten Eigenschaften, Fähigkeiten oder das Vorwissen wirklich erfolgskritisch sind. So lassen sich gerade zwischen der deutsch- und englischsprachigen Literatur Unterschiede bei der Erstellung von Anforderungsprofilen identifizieren. Während in England und den USA häufig nur Managementerfahrungen, jedoch keine vorherigen Branchenerfahrungen der Franchise-Nehmer gefordert werden, wird in Deutschland gerade das branchenspezifische Vorwissen betont.[274] Vor allem in der Dienstleistungsbranche sind in Deutschland häufig spezifische Vorkenntnisse oder qualifizierende Abschlüsse erforderlich. *Shane* stellte in einer Studie über 157 junge Franchise-Systeme in den USA fest, dass vorherige Erfahrungen der Franchise-Nehmer negativ mit der Fehlerrate des Systems korrelierten.[275] Trotz der geringeren Fehlerrate verzichten einige Branchen bewusst auf Vorkenntnisse bei der Auswahl von Bewerbern, denn sie vermuten ein verstärktes Konfliktpotenzial durch das Vorwissen der Partner, die sich nicht an die systemspezifischen Richtlinien anpassen können.[276] Branchenerfahrene Partner neigen demnach dazu, ihr Vorwissen und persönliche Erfahrungen nicht abzulegen und

272 Vgl. Görlich, Y.: Arbeitsproben, 2007, S. 468.

273 Vgl. Pauli, K.: Franchising, 1992, S. 77 ff.

274 Vgl. Skaupy, W.: Franchising, 1995, S. 109.

275 Vgl. Shane, S.: Making New Franchise Systems Work, 1998, S. 702.

276 Vgl. Tomzack, M.: Tips and Traps When Buying a Franchise, 1995, S. 9./ vgl. Shivel, K.; Banning, K.: Running a Successful Franchising, 1993, S. 16.

somit starre Verhaltensweisen in das neue System mit einzubrin-
gen.[277]

---

[277] Vgl. Alznauer-Lesaar, M.: So machen Sie sich als Franchise-Nehmer erfolgreich selbständig, 1995, S. 160.

4 Aufbau eines Franchise-Systems am Beispiel der Fruteria

Im folgenden Abschnitt finden die theoretisch gewonnenen Erkenntnisse auf das vor elf Monaten gegründete Unternehmen Fruteria Anwendung. Die Fruteria ist entsprechend den in Abschnitt 2.3.1 genannten Kriterien dem Dienstleistungs-Franchising zuzuordnen. Schon während der Planungsphase der Fruteria wurde das Franchising als Wachstumsstrategie gewählt.

4.1 Grundlegende Voraussetzungen und Pilotphase

Die Fruteria wurde im Mai 2007 in Lübeck eröffnet. Im Zentrum des Konzeptes stehen Ganzfruchtgetränke, so genannte Smoothies[278], die vor den Augen der Kunden frisch zubereitet werden. Die Kunden haben die Möglichkeit, aus einer Vielzahl von frischen Früchten und weiteren Zutaten auszuwählen und sich diese frisch mischen zu lassen. Neben Smoothies und Säften werden auch Joghurt- und Müslispeisen angeboten, die je nach Wunsch des Kunden unterschiedlich zusammengestellt werden. Die Idee einer Smoothie- und Saftbar wurde in den angelsächsischen Ländern aufgegriffen, in denen der Absatz von Smoothies ein starkes Wachstum verzeichnet und mehrere Franchise-Systeme auf dem Markt vertreten sind. Zur Zielgruppe des Fruteria-Konzeptes zählen vor allem Frauen und Kinder im Alter von 6-50 Jahren. Die Erfahrungen der Pilotphase zeigten, dass mehr als 70 Prozent der Kunden weiblich sind. Vor allem gesundheitsbewusste und trendorientierte Kunden, die eine Alternative zu ungesundem Fast Food suchen, sollen durch das Konzept angesprochen werden. Die Geschäftsidee der Fruteria wurde mit dem Ziel entwickelt, bei Erfolg der Pilotphase einen Systemaufbau vorzunehmen. Im Februar 2008 wurde in Rostock der zweite Betrieb unter der Führung des ersten Franchise-Nehmers eröffnet.

Zu der wichtigsten qualitativen Zielsetzung während der Planungsphase zählte die Entwicklung einer innovativen und trendigen CI, die bei den Kunden den Anschein eines Franchise- bzw. Filialsystems weckt. Diese Zielsetzung verfolgte den Gedanken, durch ein bis ins Detail abgestimmtes Erscheinungsbild den Markenaufbau und somit die spätere Akquisition von Franchise-Nehmern zu erleichtern. Zu den quantitativen Zielsetzungen zählen die Eröffnung

---

[278] Smoothies sind Ganzfruchtgetränke, bei denen Säfte mit Fruchtpüree gemischt werden

von mindestens neun Franchise-Betrieben sowie drei weiteren Filialbetrieben in Deutschland bis Ende 2009. Diese Anzahl der Betriebe gewährleistet eine Amortisierung der Investitionskosten und ermöglicht überregionale Werbemaßnahmen.[279] Im Jahr 2008 sollen mindestens zwei weitere Franchise-Betriebe eröffnet werden sowie ein weiterer Filialbetrieb. Für die Sommermonate werden zwei mobile Varianten der Fruteria entwickelt, die im Ostseeraum zum Einsatz kommen werden. Als Wettbewerbsstrategie wurde die Differenzierung gewählt.[280] So können die Kunden bei der Zusammenstellung der Smoothies oder Säfte, verschiedene exotische Früchte sowie verschiedene Nahrungsergänzungsmittel, wie z.B. Proteine, Ginseng, Weizengras, Aloe-Vera oder Vitaminzusätze, wählen. Nach der Entwicklung des Konzeptes wurde dieses einer Markt- und Erfolgsanalyse unterzogen.[281]

Der Aufbau eines Franchise-Systems im Bereich „Wellness-Getränke" eignet sich demnach aus folgenden Gründen:

- Deutschland ist mit einem Pro-Kopf-Verbrauch von 40,3 Litern Spitzenreiter im Konsum von Fruchtsäften.[282]

- Auf dem Markt ist ein Trend zu „gesunder Ernährung" zu verzeichnen, der auch einen stärkeren Absatz von Obst und Gemüse zur Folge hat.[283]

- Derzeitig gibt es nur wenig Wettbewerber auf dem deutschen Markt, die ein Franchise-System betreiben. Das Unternehmen Mr. Clou[284], welches über 22 Betriebe in Deutschland verfügt, ist als Konkurrent anzuführen, sowie das Unternehmen „Immergrün", das zwei Betriebe führt.

Im Rahmen der Eignungsanalyse wurde das Konzept auf seine Multiplizierbarkeit überprüft. Das Ergebnis der Analyse zeigte, dass sich die Geschäftsidee für den Aufbau eines Systems eignet. Folgende Aspekte sprechen für die Eignung:

---

[279] Vgl. 3.5.2
[280] Vgl. 3.1.1
[281] Vgl. 3.2.3
[282] Vgl. o.V.: Deutsche mit hohem Saftkonsum, Deutsche Botschaft, 02.01.2008, o.S.
[283] Vgl. o.V.: Wellfood, Bundesvereinigung Deutscher Ernährungsindustrie, 02.01.2008, S.1.
[284] www.mrclou.de

- branchenüberdurchschnittliche Gewinne bereits in den ersten Monaten,

- Einkaufsvorteile bei Verpackungsmaterial, Betriebseinrichtungen, Werbematerialien,

- die Einstiegskosten für die Franchise-Nehmer liegen deutlich niedriger als bei Konkurrenzunternehmen und belaufen sich je nach Lokalität auf 15.000-30.000 Euro,

- steigende Anfragen zu Systempartnerschaften durch Kunden.

Außerdem wurde ein Finanzbedarf von 45 000 Euro ermittelt, der sowohl durch Darlehen als auch durch die Einstiegsgebühren finanziert wird. Der Pilotbetrieb wurde in Lübeck errichtet. Die Planung der Testphase belief sich auf zwölf Monate. Da es sich bei der Fruteria um ein relativ einfach umzusetzendes Konzept handelt, das mit geringen Investitionen verbunden ist,[285] wurden nach acht Monaten die ersten Verhandlungen mit Franchise-Partnern aufgenommen, die während der Testperiode Anfragen über eine Systempartnerschaft an die Fruteria gerichtet hatten. Neben der eigentlichen Überprüfung des Konzeptes wurde auch ein Standortprofil erstellt, das eine Mindesteinwohnerzahl potenzieller Standorte von 45.000 Einwohnern vorsieht.[286] Zwar werden keine besonderen Anforderungen an die Kaufkraft gestellt, jedoch sollten ausreichend der Zielgruppe entsprechende Kunden vertreten sein. Dies ist gerade in Bezug auf die stark alternde deutsche Gesellschaft ein wichtiger Faktor. Die Errichtung der Fruteria kann sowohl als eigenständiger Betrieb als auch in Einkaufszentren oder großen Supermärkten erfolgen. Für die Errichtung eigenständiger Betriebe kommen nur A-Lagen oder sehr gute B-Lagen infrage. Derzeitig zeichnet sich ein Trend zu neuen Einkaufszentren in Innenstädten ab,[287] aus diesem Grund wird versucht, Verkaufsflächen in solchen Einkaufszentren anzumieten. Ein weiteres Kriterium stellt die Umsetzbarkeit des CD dar.[288] Des Weiteren darf nur ein Wettbewerber auf dem Markt tätig sein. Die Mietpreise sollten sich auf maximal 110 Euro pro Quadratmeter inklusive aller Nebenkosten belaufen. Während der Pilotphase wurden auch die ersten Marketinginstrumente auf ihre Wirksamkeit getestet. Die Ergebnisse der Pilotphase wurden einer aus-

---

[285] Vgl. 3.2.1
[286] Vgl. 3.2.1
[287] Vgl. Friedemann, J.: Vom Stadtrand in die Innenstädte, 2008, S. 41.
[288] Vgl. 3.2.1 und 5

führlichen Analyse unterzogen. Durch Kundenbefragungen, die im Rahmen eines Gewinnspiels durchgeführt wurden, haben sich folgende Erfolgsfaktoren ergeben:

- Ansprechendes CD
- Breite Produktpalette, vor allem die verschiedenen Zusätze
- Wöchentlich wechselnde Angebote
- Verschiedene Rabattsysteme, insbesondere Treuekarte

Die Abläufe des operativen Betriebes haben sich als ausreichend standardisiert erwiesen und die Kostenstruktur der Produkte ist planbar. In Bezug auf die Personalstruktur hat sich gezeigt, dass der operative Ablauf mit der Unterstützung von Teilzeitkräften durchgeführt werden kann. Während der Testphase wurde mit der Anfertigung eines Handbuches begonnen, in dem die einzelnen Arbeitsabläufe vermittelt und zugleich die Richtlinien im Umgang mit der CI aufgezeigt werden. Die Übergabe des Handbuches erfolgt ausschließlich in elektronischer Form. Zudem haben die Systempartner die Möglichkeit, eine regelmäßig aktualisierte Form des Handbuches über das Internet abzurufen.

4.2 Franchise-Paket der Fruteria

Das Organisationskonzept sieht Schulungsstandards vor, die eine zweiwöchige Schulung im Pilotbetrieb der Fruteria beinhalten.[289] Zusätzlich wird während der Eröffnungsphase ein Mitarbeiter der Systemzentrale die ersten zwei Tage im Franchise-Betrieb assistieren und die Umsetzung der Systemstandards überprüfen. Die anschließenden Partnerbesuche, die auch eine Kontrolle der Systemstandards beinhalten, werden in monatlichen Abständen durchgeführt. Zusätzliche Schulungsveranstaltungen sollen einmal jährlich durchgeführt werden sowie mit einem Treffen der Systempartner verbunden werden. Für die Kommunikation dienen in erster Linie das Internet und das Telefon. Die Franchise-Nehmer erhalten Zugang zu einem Server der Fruteria, über den Anfragen und Bestellungen erfolgen. Bezüglich der Beschaffung wird die Fruteria als zentrale Koordinationsstelle fungieren und aufgegebene Bestellungen an die Lieferanten weitergeben. Ein Großteil der Zutaten wird in den ersten Monaten von den Franchise-Nehmern vor Ort beschafft, da erst

---

[289] Vgl. 3.3.1

eine größere Anzahl von Betrieben Einkaufsvorteile für die Zutaten ermöglicht. Zudem bieten vor allem Discounter-Märkte spezielle Angebote. In Bezug auf die Zutaten ergibt sich beim Konzept der Fruteria ein spezielles Problem. So lassen sich frische Früchte der gleichen Sorte, die eine gleich bleibende Qualität und Geschmack gewährleisten, saisonal bedingt nicht über das ganze Jahr beschaffen. Aus diesem Grund werden einige Fruchtsorten im gefrorenen Zustand eingesetzt. Das Verpackungs- und Werbematerial sowie technische Gerätschaften werden über die Systemspitze der Fruteria bestellt, da sich für diesen Bedarf schon bei geringen Stückzahlen Einkaufsvorteile erzielen lassen.

Im Rahmen der Strategieentwicklung für das Marketingkonzept wurde eine differenzierte Marktbearbeitung gewählt.[290] Es wurde entsprechend der Zielgruppe eine Marktsegmentierung vorgenommen.[291] Die Differenzierung gegenüber Konkurrenten erfolgt in erster Linie über die Qualität der Produkte sowie durch die Zugabe von Nahrungsergänzungsmitteln.

Es wird eine standortindividuelle Strategie verfolgt, bei dem die Systempartner einzelne Instrumente und Maßnahmen auswählen. Es wurde auch dem Umstand Rechnung getragen, dass die Betriebe der Fruteria ausschließlich in A-Lagen bzw. B-Lagen eröffnet werden. Nach *Aires* benötigen Betriebe mit einem hohen Anteil an Laufkundschaft ein geringeres Werbebudget.[292] Zudem wird in Einkaufszentren in der Regel eine Werbegebühr als Teil der Nebenkosten erhoben, die ein gemeinschaftliches Werben im Verbund ermöglicht. Folgende Instrumente und Maßnahmen stehen den Franchise-Nehmern zur Auswahl:

Produktmix: Die Basis des Sortiments sind Smoothies, Joghurt- und Müslispeisen. Die Systempartner können ihr Angebot auf Wunsch um Donuts, Wraps, Frozen Yogurt und Kaffee erweitern. Die Entscheidung über eine unterschiedliche Sortimentsbreite wurde getroffen, da vor allem Einkaufszentren den Verkauf bestimmter Produkte aufgrund von zu starken Überschneidungen mit anderen Anbietern reglementieren.

---

[290] Vgl. 3.2.2
[291] Vgl. 3.2.2
[292] Vgl. Aries, L.: Marketing im Franchising, 2003, S. 171.

Konditionsmix: Gesetzliche Regelungen machen eine Preisvorgabe durch die Fruteria nicht möglich.[293] Generell empfiehlt die Fruteria den Franchise-Nehmern, maximal 20 Prozent von den empfohlenen Preisen abzuweichen. Bei den Rabattsystemen kann der Systempartner sich für eine Treue- und Kooperationskarte entscheiden. Während die Treuekarte an jeden Kunden ausgegeben wird, ist die Kooperationskarte, die einen Preisnachlass von 20 Prozent vorsieht, vor allem Angestellten in umliegenden Geschäften und Büros vorbehalten. Die Treuekarten dienen der Fruteria auch zur Erhebung relevanter Kundendaten. So werden auf der Rückseite, das Alter, Geschlecht und die Adresse vermerkt.

Distributionsmix: Im Rahmen des Distributionsmix hat der Franchise-Nehmer die Möglichkeit, zwei weitere Absatzvarianten zu wählen. Zum einen kann er einen Catering-Service anbieten und zum anderen die Getränke in Flaschen abfüllen und diese täglich über gastronomische Betriebe im Umfeld vertreiben. Die Fruteria stellt den Systempartnern Etiketten und Flaschen für den Vertrieb zur Verfügung.

Kommunikationsmix: Werbeanzeigen in lokalen Printmedien kommen gerade während der Eröffnungsphase zum Einsatz. Die Fruteria stellt verschiedene Vorentwürfe für Anzeigen zur Verfügung.

Zu den weiteren Bestandteilen der Werbung zählen Prospekte, die an stark frequentierten Orten ausgelegt werden oder sich als Postwurfsendungen einsetzen lassen. Der Verkaufsförderung kommt eine besondere Bedeutung zu, denn regelmäßige Promotion-Aktivitäten, die auch die Ausgabe von Warenproben beinhalten, sollen die Kunden für das Produkt gewinnen. Des Weiteren werden Gewinnspiele angeboten, die primär zum Generieren von Email-Adressen für Internetwerbung genutzt werden. Eine weitere Säule, die dem innovativen Charakter der Fruteria entspricht, ist das so genannte Guerilla-Marketing, das durch kreative Werbeideen die Aufmerksamkeit der Kunden wecken soll. Das Internet dient als zusätzliches Medium für Werbemaßnahmen. Jeder Franchise-Nehmer erhält einen eigenen Internetauftritt.

Im Rahmen der PR wird ein umweltfreundlicher Charakter der Fruteria herausgestellt.[294] Die Obstabfälle der Fruteria werden zur Pro-

---

[293] Vgl. 3.2.2 und 3.5.3
[294] Vgl. 3.3.2

duktion von umweltfreundlicher Energie genutzt und diese Verwertung wird auch in den einzelnen Betrieben und Werbebroschüren kommuniziert. Darüber hinaus steht ein spezielles Marketingprogramm für die Eröffnungsphase zur Verfügung, das vor allem Promotion-Aktivitäten beinhaltet. Das Franchise-Paket sieht bisher noch kein System-Controlling vor, da für die Anfertigung von Kennzahlen für Betriebsvergleiche noch Erfahrungen mit weiteren Standorten gesammelt werden müssen.[295]

4.3 Aufbau der Fruteria-Systemzentrale

Beim Aufbau der Systemzentrale wurden verschiedene Funktionen an externe Dienstleistungsunternehmen vergeben.[296] So erfolgt die Verteidigung der Markenrechte durch einen speziellen Markenanwalt. Die Designarbeiten und die Weiterentwicklung des CD werden von einer externen Designerin durchgeführt. Buchhalterische Aufgaben und die Wirtschaftlichkeitsberechnungen erfolgen durch einen Steuerberater. Zu den wesentlichen Aufgaben, die in der Systemspitze der Fruteria verbleiben, zählen die Einrichtung der einzelnen Betriebe, die Leistungsgestaltung, Werbemaßnahmen sowie die Bestellungsannahme.

Im Umgang mit den Systempartnern wird ein partizipativer Führungsstil gepflegt. So ist auch die Einrichtung eines Beirates geplant, der den Franchise-Nehmern die Möglichkeit der Mitbestimmung einräumt.

4.4 Auswahl der Franchise-Nehmer und Vertragsgestaltung

Für die Auswahl geeigneter Franchise-Nehmer wurde ein Anforderungsprofil entwickelt, das folgende Kriterien enthält:[297]

- Alter: 30-50 Jahre

- Ausbildung: Kaufmännische Ausbildung oder betriebswirtschaftliches Studium

- Berufserfahrung: Es werden keine Berufserfahrungen in der Gastronomie vorausgesetzt. Jedoch sind Erfahrungen in der Dienstleistungsbranche wünschenswert

---

[295] Vgl. 3.3.4
[296] Vgl. 3.4
[297] Vgl. 3.6.1

- Fähigkeiten: Neben den betriebswirtschaftlichen Fähigkeiten benötigen die Systempartner vor allem Kenntnisse im Umgang mit EDV, da die systeminterne Kommunikation über das Internet erfolgt

- Eigenkapital: Die Interessenten müssen über ein Mindestkapital von 15 000 Euro verfügen

Zusätzlich sollten die Systempartner kommunikativ und aufgeschlossenen sein. Zwar sind Führungsqualitäten wünschenswert, aber spielen aufgrund des relativ geringen Personalbedarfs eine untergeordnete Rolle. Eine größere Rolle hingegen, spielt das persönliche Erscheinungsbild der Bewerber, denn dieses sollte im Einklang mit dem angestrebten Image der Fruteria stehen. Die Interessenten müssen einen gesunden und sportlichen Lebensstil verkörpern können. Weiterhin sollten die Bewerber an der Eröffnung eines zweiten Betriebes interessiert sein.[298] Eine erste Überprüfung der Eignung erfolgt durch ein Interview, an dem zwei Mitarbeiter der Systemzentrale teilnehmen. Eignen sich die Bewerber entsprechend der im Anforderungsprofil geforderten Kriterien, so werden sie im nächsten Schritt zu einer Arbeitsprobe eingeladen, die drei Tage umfasst.[299] In diesem Zeitraum werden anhand einer Checkliste die Eigenschaften und Fähigkeiten des Bewerbers einer genaueren Überprüfung unterzogen.

Für die Akquisition der Franchise-Nehmer dient in erster Linie der Internetauftritt der Fruteria[300], der durch eine Suchmaschinenoptimierung und Google-AdWords-Kampagne den Aufruf der Internetseite erhöhen soll. Mithilfe einer speziellen Software wird eine kontinuierliche Optimierung der Webseite vorgenommen, die vor allem die Kategorie „Franchising" fokussiert. Ein zusätzliches Instrument der Akquisition ist die Zusammenarbeit mit dem Unternehmen Initiat[301], das über 14.000 Franchise-Interessenten verfügt und diese gegen eine Gebühr an Franchise-Systeme weiter- vermittelt. Im Rahmen der Zusammenarbeit mit der Firma lässt sich der Auswahlprozess in drei Stufen gliedern. Die Firma Initiat trifft aufgrund des von der Fruteria erstellten Anforderungsprofils eine Vorauswahl der Interessenten. In einem zweiten Schritt finden Gespräche

---

[298] Vgl. 2.3.2
[299] Vgl. 3.6.3
[300] Vgl. 3.6.2 und 3.6.3
[301] www.initiat.de

65

zwischen der Fruteria und den Interessenten statt, die Aufschluss über deren Eignung aus Sicht der Systemzentrale geben. Geeignete Kandidaten führen im Anschluss eine Arbeitsprobe durch. Die Fruteria setzt bei der Expansion auch auf die persönliche Empfehlung der Kunden und Franchise-Nehmer. Zwar gab es vor dem Aufbau der zweiten Fruteria-Bar auch Anfragen aus dem süddeutschen Raum, es wurde jedoch entschieden, den ersten Franchise-Betrieb in geographischer Nähe zur Zentrale zu errichten, um einen intensiven Kontakt zu dem Partner zu pflegen und bei eventuellen Problemen assistieren zu können.

Der Franchise-Vertrag wurde mithilfe eines darauf spezialisierten Anwaltes erarbeitet. Nach einem ersten Gespräch wurde ein Fragebogen zum System, der wichtige Inhalte und Zielvorstellungen abfragte, ausgefüllt. Dieser Fragebogen diente dann als Leitfaden zur Vertragsgestaltung. Im Rahmen der Vertragsgestaltung wurde eine Franchise-Gebühr von 3,5 Prozent vom monatlichen Bruttoumsatz festgelegt.[302] Jedoch muss mindestens ein monatliches Fixum von 150 Euro an die Zentrale entrichtet werden.[303] Die Franchise-Nehmer haben eine Einstiegsgebühr von 5000 Euro an die Fruteria zu entrichten. Derzeitig ist noch keine Werbegebühr für überregionale Werbemaßnahmen vorgesehen.[304] Allerdings wurde durch eine Klausel, die Möglichkeit einer nachträglichen Erhebung von maximal 2 Prozent des Bruttoumsatzes aufgenommen. Im Rahmen der vorvertraglichen Aufklärungspflichten wurde neben der Aushändigung von Rentabilitätsberechnungen auch eine Standortanalyse für die Fruteria-Bar in Rostock angefertigt.[305] Die Übergabe der Daten erfolgte vier Wochen vor der eigentlichen Vertragsunterzeichnung. Des Weiteren wurde der Kontakt zum im Bau befindlichen Einkaufzentrum aufgenommen, um sich für eine Verkaufsfläche zu bewerben. Im Rahmen der Bewerbung war die Anfertigung eines grafischen Vorentwurfs über den Aufbau und das Design der Fruteria-Bar notwendig. Während der Verhandlungen über den Abschluss eines Mietvertrages wurde der Franchise-Nehmer aktiv durch die Fruteria unterstützt.

---

302 Vgl. Franchise-Vertrag der Fruteria, Anhang, S. 70 f.
303 Vgl. 3.6.3
304 Vgl. 3.5.3 und 3.5.4
305 Vgl. 3.5.1

5 Probleme in der Franchise-Praxis

In diesem Abschnitt werden die theoretisch gewonnenen Erkenntnisse mit den praktischen Erfahrungen des Systemaufbaus der Fruteria verglichen und verschiedene Pro-bleme aufgezeigt, die bei den einzelnen Schritten der Konzeption und Umsetzung aufgetreten sind.

Zu Beginn des Systemaufbaus ist laut Literatur eine Eignungsprüfung der Geschäftsidee auf die Systemtauglichkeit vorzunehmen.[306] Allerdings haben die Erfahrungen beim Aufbau der Fruteria gezeigt, dass neben einer theoretischen Überprüfung vor allem die Pilotphase Aufschluss über die tatsächliche Eignung gibt. Im Rahmen einer theoretischen Analyse ist es schwer, alle relevanten Aspekte der Systemeignung zu erfassen. So kann nicht vorausgesagt werden, ob die erwarteten Umsätze oder eine positive Wahrnehmung des Images auch wirklich eintreten.[307]

Des Weiteren ist die Reihenfolge der einzelnen Komponenten teilweise kritisch zu betrachten. Gerade in Bezug auf die Schutzrechte ergibt sich in der Praxis ein Problem. Für den Franchise-Geber ist es von zentraler Bedeutung, die Schutzrechte für sein System zu erwerben.[308] Dieser Vorgang ist jedoch häufig mit sehr viel Zeit verbunden, denn von dem Zeitpunkt der Anmeldung bis zur tatsächlichen Gewährung der Schutzrechte können einige Monate vergehen, in denen der Systeminhaber sich nicht sicher sein kann, ob ihm die angestrebten Schutzrechte tatsächlich gewährt werden. Zwar erfolgt in der Regel vor der Anmeldung beim „Deutschen Patent- und Markenamt" eine Recherche durch den beauftragten Markenanwalt, doch auch diese Vorarbeit kann keine Garantie für eine tatsächliche Bewilligung geben. Sollten die Schutzrechte nicht gesichert werden können, müssen unter Umständen weitere Investitionen für ein neues CD getätigt werden. Aus diesem Grund empfiehlt es sich, den Rechtsschutz so früh wie möglich zu sichern.

Ein weiteres Problem in der Praxis stellt die Standortsuche dar. Gerade für junge Unternehmen oder Systeme ist die Suche nach geeigneten Verkaufsflächen mit großen Schwierigkeiten verbunden. Vor allem bei der Suche nach Ladenflächen in A- oder B- Lagen, z.B. in

---

[306] Vgl. 3.1.2
[307] Vgl. 3.1.2
[308] Vgl. 3.3.3

Innenstädten oder Einkaufszentren, ist mit erheblicher Konkurrenz von anderen Franchise-Systemen mit hohem Bekanntheitsgrad zu rechnen. Nach einer Studie von *Foward* und *Fulop* über britische Franchise-Geber stellt die Standortsuche eines der größten Probleme in der Franchise-Praxis dar.[309] Zieht sich die Suche nach einer geeigneten Ladenfläche über einen langen Zeitraum hin, so besteht auch das Risiko, potenzielle Franchise-Partner zu verlieren. Einige Franchise-Geber legen die Standortsuche bewusst in den Aufgabenbereich der Bewerber, um deren Motivation und Ausdauer zu testen. Die praktischen Erfahrungen beim Aufbau der Fruteria haben gezeigt, dass mit der Suche nach adäquaten Standorten rechtzeitig begonnen werden sollte. Ein weiteres Problem, das sich in Bezug auf die Verkaufs- und Ladenflächen ergibt, sind die unterschiedlichen Laufzeiten der Miet- und Franchise-Verträge. So kann der Abschluss eines Franchise-Vertrages für einen bestimmten Zeitraum erfolgen,[310] der von der Zeitdauer des Mietverhältnisses abweicht. Es ist durchaus üblich, Mietverträge für Ladenflächen in Einkaufszentren über einen Zeitraum von zehn Jahren oder länger abzuschließen. Im Falle einer solchen Abweichung kann eine Vertragsanpassung oder eine Übernahme des Mietverhältnisses durch den Franchise-Geber erfolgen.

Weiterhin hat sich gezeigt, dass die Umsetzung von Marketingmaßnahmen oder der CI häufig mit Problemen verbunden ist. So lassen sich längst nicht alle entwickelten Werbeideen oder Teile des CD an jedem Standort realisieren. Restriktionen, wie z.B. Denkmalschutz, fordern eine Anpassung an die jeweiligen Richtlinien der Stadt oder Gemeinde. In der Hansestadt Lübeck existiert seit dem 1. Januar 2008 eine neue Werbesatzung, die Aufsteller und Werbebeschilderungen auf den Bürgersteigen untersagt.[311] Weitere Probleme, die sich in Bezug auf das Marketing ergeben, sind die überregionalen Werbemaßnahmen, zu denen sich der Franchise-Geber laut Vertrag verpflichtet.[312] Zu Beginn des Systemaufbaus ist es fraglich, ob solche Maßnahmen sinnvoll und finanzierbar sind. *Lee* betont, dass die Planung eines Franchise-Systems auch eine Kalkulation über die Anzahl der notwendigen Betriebe beinhalten sollte, die über-

---

[309] Vgl. Forward, J.; Fulop, C.: Elements of a Franchise, 1997, S. 167.
[310] Vgl. 3.5.2
[311] Vgl. Latzel, S.: Lübeck streitet um Passantenstopper, 20.01.2008, o.S.
[312] Vgl. 3.5.3

regionale Werbemaßnahmen ermöglichen.[313] Nur wenn diese Anzahl auch tatsächlich umgesetzt wird, lassen sich die Vorteile des Franchisings voll ausnutzen.

Für die Suche nach geeigneten Franchise-Nehmern wird die Konsultation von Spezialfirmen in der Literatur empfohlen.[314] Allerdings lassen sich diese nur begrenzt von jungen Systemen eingesetzten, denn ein Großteil dieser Firmen verlangt von dem Franchise-Geber eine Mindestanzahl an Systempartnern, die eine Multiplizierbarkeit des Systems unter Beweis stellen sollen.

Ein weiteres Problem in der Franchise-Praxis ist die in der Rechtsprechung und Literatur geforderte Mindestdauer der Pilotphase.[315] Dynamische Märkte, verstärkte Konkurrenz und Trendprodukte haben zu veränderten Anforderungen an die Unternehmen geführt. Vor allem kürzere Lebenszyklen sowie verstärkte nationale und internationale Konkurrenz machen nach Meinung des Autors eine schnelle Expansion des Systems notwendig. Internationale Franchise-Systeme setzen bei der Expansion des Vertriebsnetzes auf Methoden, wie beispielsweise das Master-Franchising, das die Eröffnung einer großen Anzahl von Betrieben durch einen selbstständigen Unternehmer in kurzer Zeit vorsieht.[316]

Bezogen auf das Praxisbeispiel der Fruteria, lässt sich ein internationaler Konkurrent mit dem Namen „Zumo" anführen, der vor einigen Wochen die Master-Franchise-Lizenz für Deutschland verkauft hat und nun mehrere Betriebe in Deutschland eröffnen wird.[317]

---

[313] Vgl. Lee, J.: Marketing Strategies to Enhance, 2006, S. 30.
[314] Vgl. 3.6.2
[315] Vgl. 3.2.1
[316] Vgl. 3.2.2
[317] Vgl. o.V.: Saftladen startet mit Master-Franchise durch, franchise-net, 04.02.2008, o.S.

6 Fazit

Die Zielsetzung dieser Untersuchung war es, einen theoretischen Leitfaden für den Aufbau eines Franchise-Systems zu entwickeln und in einem zweiten Schritt dessen Umsetzbarkeit am Beispiel des Konzeptes der Fruteria zu überprüfen.

Allgemein ist zu erwähnen, dass der Aufbau eines Franchise-Systems mit großen Herausforderungen und Aufwand verbunden ist. Aufgrund des hohen Kapitalbedarfs sollte in jedem Fall vorher überlegt werden, wie viele Betriebe eröffnet werden müssen, damit sich die getätigten Investitionen amortisieren.[318] Der Initiator des Systems wird während der Konzeptions- und Umsetzungsphase mit Aufgaben aus unterschiedlichen Disziplinen konfrontiert. Die Literatur bietet dem Franchise-Praktiker bei der Konzeption und Umsetzung nur bedingt eine Hilfestellung.

Neben der Reihenfolge der einzelnen Schritte, variieren auch die Inhalte der einzelnen Komponenten. Aufgrund der verschiedenen Typologien, der Heterogenität der Produkte und Dienstleistungen, und den verschiedenen Branchen, in denen Absatz erfolgt, lässt sich die Konzeption eines allgemeingültigen Leitfadens nur schwer realisieren.

Zusätzlich erschwert die deutsche Rechtsprechung den Entwurf eines statischen Modells, da diese zu sich stetig verändernden Anforderungen an Verträge, Pilotphasen, Handbücher und Aufklärungspflichten führt.

Der Ethikkodex des *DFV* lässt sich zwar als Orientierungshilfe heranziehen, allerdings mangelt es teilweise an konkreten Handlungsempfehlungen.[319] Weiterhin können sich Franchise-Systeme im Laufe ihres Lebenszyklus verändern und somit neue Anforderungen an den weiteren Aufbau mit sich bringen.[320] Die, vor allem in der angelsächsischen Literatur postulierten Modelle, lassen sich aufgrund der deutschen Rechtsprechung nur bedingt heranziehen.

Die Konzeption eines Franchise-Systems hat sich stets an der jeweiligen unternehmerischen Fragestellung zu orientieren und erfordert bei der Umsetzung nicht selten eine Anpassung an die jeweiligen praktischen Anforderungen. *Skaupy* argumentiert in diesem Zu-

---

[318] Vgl. 3.1.1 und 3.4
[319] Vgl. 3.5.1
[320] Vgl. 3.4 und 3.6.1

sammenhang, dass, je nach Projekt, alle Entwicklungsphasen auch zeitlich parallel durchgeführt werden können.[321] Diese Argumentation wird auch durch die praktischen Erfahrungen beim Aufbau des Fruteria-Systems gestützt. So hat sich gezeigt, dass gerade zu Beginn des Systemaufbaus viele Schritte parallel durchgeführt werden mussten und einzelne Komponenten nicht nach einer bestimmten Reihenfolge bzw. zeitlichen Abgrenzung umgesetzt werden konnten. Vielmehr stellte sich heraus, dass einzelne Bausteine einer kontinuierlichen Evaluation bedurften. Darüber hinaus konnten einzelne Komponenten nicht der Planung entsprechend umgesetzt werden.

Obwohl eine allgemeingültige Reihenfolge der einzelnen Elemente nicht für jedes Franchise-System festzulegen ist, hat sich gezeigt, dass einige Bestandteile eine zentrale Stellung bei der Entwicklung einnehmen, da diese das tragende Fundament des Systems bilden und ein weiteres erfolgreiches Vorgehen erst ermöglichen. Vor allem der Pilotphase kommt eine große Bedeutung zu, denn in dieser Phase lässt sich erst die tatsächliche Eignung des Konzeptes überprüfen sowie Stärken und Schwächen identifizieren.[322] Darüber hinaus wird in dieser Phase das notwendige Wissen gesammelt, welches für die Gestaltung der weiteren Schritte essenziell ist. Außerdem sollte die Erprobung der Geschäftsidee zu den moralischen Verpflichtungen eines jeden angehenden Franchise-Gebers zählen. Allerdings birgt eine lange Pilotphase auch Risiken, da dynamische Märkte, verstärkte Konkurrenz und kurze Produktlebenszyklen ein schnelleres Wachstum erfordern.[323]

Die Erstellung eines Handbuches, sowie der Markenschutz sind als Grundsteine für die Anfertigung eines Vertragswerkes zu sehen. Aus diesem Grund sollte der Entwurf des Vertrags erst im Anschluss erfolgen, um sämtliche systemrelevanten Aspekte erfassen zu können.

Letztendlich kann der Aufbau eines Franchise-Systems auch als ein Lernprozess verstanden werden, bei dem der Franchise-Geber und sein System verschiedene Stadien durchlaufen. Anfängliche Probleme können sich im Laufe der Wachstumsphase durch Erfahrungswissen oder aber auch die Reputation des Systems reduzieren.

---

[321] Vgl. Skaupy, W.: Franchising, 1995, S. 73.
[322] Vgl. 3.2.1
[323] Vgl. 5

Nichtsdestotrotz scheint es aufgrund der rechtlichen Anforderungen an die Aufklärungspflichten, Verträge, Handbücher und den Markenschutz sinnvoll, eine Konsultation von Experten beim Aufbau eines Franchise-Systems vorzunehmen.

Anhang

Markenanmeldung der Fruteria

BUNDESREPUBLIK DEUTSCHLAND

URKUNDE

über die Eintragung der Marke

Nr. 307 52 076

Az.: 307 52 076.5 / 32

Markeninhaber/in:
Pokrandt, Arne, 23554 Lübeck, DE

Tag der Anmeldung: 08.08.2007   Tag der Eintragung: 26.11.2007

Der Präsident des Deutschen Patent- und Markenamts

Dr. Schade

Franchise-Vertrag der Fruteria

xxxxxxxxxxxx

xxxxxxxxxxxx

(nachstehend „**Franchisenehmer**" genannt)

und

xxxxxxxxxxxx

xxxxxxxxxxxx

(nachstehend „**Franchisegeber**" genannt)

Präambel

Der Franchisegeber hat ein Gastronomie- und Vertriebssystem konzipiert, welches es ermöglicht, gesundheits- und genussbewusste Menschen mit gesunden Fruchtgetränken bzw. Fruchtmahlzeiten zu versorgen (im folgenden: „*FRUTERIA*"). FRUTERIA ist ein innovativer Produzent von gesunden und natürlichen Getränken. Mit der bislang noch weitgehend unbekannten Marke FRUTERIA verbindet sich ein zunehmend qualitativ hochwertiges Image. Der Franchisegeber verfügt über ein spezielles Know-how für die Eröffnung und Betreibung von Fruchtbars.

Durch die Ausweitung des FRUTERIA Franchisesytems soll der Name FRUTERIA für den Verbraucher zu einem festen Begriff werden und durch die Art seiner Verwendung eine besondere Kennzeichnungskraft erlangen.

Das Wort FRUTERIA wird mit besonderer Farb- und Formgebung insbesondere an der Außenfront sämtlicher Geschäftsbetriebe, im Rahmen der Ausstattung und Inneneinrichtung, auf den Werbeträgern, den Geschäftspapieren, der Verpackung der Produkte und im Rahmen sämtlicher Marketingmaßnahmen hervorgehoben. Typisch für das FRUTERIA Franchisesystem ist neben der Namensgebung in Wort und Bild die Art und Anordnung der Einrichtung und der Organisation des Betriebes, die Qualität der Produkte (Dienstleistungen und Waren), die Verhaltensformen, die Ausbildung des Personals, das Marketingkonzept sowie weiteres Know-how, welches den Erfolg des FRUTERIA Franchisesystems bedingt. Die Vertragspartner sind sich daher darüber einig, daß im gemeinsamen Interesse die Regelungen dieses Vertrages strikt eingehalten werden müssen.

Die Vertragspartner werden als selbständige Unternehmen in vertrauensvoller Zusammenarbeit mit dem gemeinsamen Ziel tätig, eine aktive Absatzpolitik zu betreiben und ein erfolgreiches Geschäft aufzubauen. Der Franchisenehmer wird den Ruf und den Namen des Franchisegebers in jeder Weise fördern und aufrecht erhalten und alles unterlassen, was sich für den Ruf und den Namen des Franchisegebers nachteilig auswirken könnte.

Der Franchisenehmer ist in die Möglichkeiten und Anforderungen des vom Franchisegeber erprobten und fortentwickelten FRUTERIA Franchisesystems eingeweiht worden, er hat sich eingehend und ausführlich auch über die wirtschaftlichen Grundlagen informiert (u.a. durch Einsichtnahme in Franchisehandbuch, Franchisevertrag und Gewinnkalkulation bestehender Betriebe) und ist zu der Überzeugung gelangt, daß durch seine Einbeziehung in das FRUTERIA Franchisesystem die sich aus dem Markt ergebenden Gewinnchancen erfolgreich nutzen lassen.

§ 1

Gegenstand der Franchise

(1) Das FRUTERIA Franchisesystem ist gekennzeichnet durch

    a) das gewerbliches Schutzrecht der Wort-Bild-Marke: FRUTERIA ist als Wort-Bildmarke beim Deutschen Patent und Markenamt angemeldet, aber noch nicht als geschützte Marke eingetragen. Die angemeldete Wort-Bildmarke sieht wie folgt aus:

    Die Farbgebung ist grün und rosa mit einem roten Schriftzug „Fruteria". Eine genaue Beschreibung und die Grundsätze der Verwendung der Marke ergeben sich aus dem Handbuch

    b) die systemtypische Außenwirkung (Corporate Identity bzw. Corporate Design) für Geschäftspapiere, Drucksachen, Werbung.

    c) die FRUTERIA Produktsortimente (Dienstleistungen und Waren) gemäß Handbuch in der jeweils gültigen Fassung.

    d) sonstige technische Schutzrechte, Wort- und/oder Bildmarken und Geschäftsbezeichnungen, die für den Franchisegeber in Zukunft noch geschützt und/oder von ihm benutzt werden mögen.

    e) das besondere Know-how auf dem jeweiligen Stand der Entwicklung.

    f) zentrale Marketingkonzeption und Pressearbeit, überregionales Marketing.

    g) Unterstützung und Abstimmung des regionalen Marketing.

(2) Gegenstand der Franchise ist das (nicht ausschließliche und nicht übertragbare) Recht und die Pflicht des Franchisenehmers,

a) die vorstehend bezeichneten gewerblichen Schutzrechte, insbesondere Marke, Warenzeichen, Namen und Geschäftsbezeichnungen, Ausstattungsrechte sowie das Know-how in dem Umfang, in dem sie jeweils vom Franchisegeber als für das FRUTERIA Franchisesystem typisch bezeichnet worden sind, zu verwenden und zu nutzen.

b) die FRUTERIA Produktsortimente (Dienstleistungen und Waren) anzubieten und zu vertreiben.

c) in dem Bereich der Stadt XY Check / bzw. Landkreis XY einen FRUTERIA-Geschäftsbetrieb nach dem FRUTERIA Franchisesystem innerhalb eines Jahres nach Vertragsunterzeichnung zu eröffnen und zu führen. Für die Dauer dieses Vertrages wird der Franchisegeber in diesem Gebiet keinem Dritten eine Franchise erteilen oder selbst einen FRUTERIA-Geschäftsbetrieb eröffnen.

d) sämtliche, dem Franchisenehmer bekannten und für das gesamte FRUTERIA Franchisesystem relevanten Daten, über die er verfügen darf, dem Franchisegeber zur Verfügung zu stellen.

Der Franchisenehmer ist nicht berechtigt, die Marke FRUTERIA als Bestandteil in seine Firma zu übernehmen und ins Handelsregister eintragen zu lassen.

Die Nutzung der Marken und der Systemleistungen im Internet und E-Commerce ist nicht Gegenstand dieses Vertrages. Dies obliegt ausschließlich dem Franchisegeber in eigener Verantwortung, um zu Gunsten des Franchise-Partners die Direktzuordnung der Geschäftskontakte an den jeweils zuständigen Franchise-Partner zu ermöglichen. Der Franchisenehmer ist nicht berechtigt, eine Homepage unter dem geschützten Namen des Franchisegebers oder eines verwechslungsfähigen Namens und sonstigen Kennzeichens ins Internet einzustellen.

(3) Die Rechte werden dem Franchisenehmer persönlich gewährt, die Pflichten werden vom Franchisenehmer persönlich erfüllt.

(4) Für Änderungen gelten die folgenden Bestimmungen:

a) Der Franchisegeber kann die FRUTERIA Produktsortimente (Waren und Dienstleistungen), das Franchisehandbuch sowie andere Grundsätze und Richtlinien sowie das Know-how jederzeit unter Berücksichtigung von Treu und Glauben ändern und ergänzen. Irgendwelche Rechte kann der Franchisenehmer hieraus nicht ableiten. Durch Änderungen des Franchisehandbuchs und anderer Grundsätze und Richtlinien dürfen wesentliche Elemente des Franchisevertrages nicht berührt werden, es sei denn, daß dies zur Aufrechterhaltung des FRUTERIA Franchisesystems zwingend erforderlich ist. Neue FRUTERIA Produktsortimente (Dienstleistungen und Waren) werden nur durch ausdrückliche schriftliche Zusatzvereinbarung zu Bestandteilen dieses Franchisevertrages.

b) Ändert der Franchisegeber die Kennzeichnungen des FRUTERIA Franchisesystems, so ist der Franchisenehmer auf eigene Kosten verpflichtet, die Kennzeichnung und Aufmachung seines FRU-TERIA-Geschäftsbetriebes innen und außen entsprechend anzupassen. Der Franchisegeber achtet darauf, dass die Kosten der erforderlichen Umbaumaßnahmen nicht unangemessen hoch sind.

(5) Alle in diesem Vertrag festgelegten Rechte und Pflichten beziehen sich ausschließlich auf den in Absatz 1 Buchst. c) bezeichneten FRUTERIA-Geschäftsbetrieb nach dem FRUTERIA Franchisesystem und gewähren dem Franchisenehmer darüber hinaus kein Recht zur Eröffnung und Führung weiterer FRUTERIA-Geschäftsbetriebe und keinen Anspruch auf den Abschluß weiterer Franchiseverträge.

§ 2

Allgemeine Pflichten des Franchisegebers

(1) Hauptpflicht des Franchisegebers ist die Einräumung der Franchise, d. h. der in § 1 genannten Rechte.

(2) Der Franchisegeber unterstützt den Franchisenehmer nach pflichtgemäßem Ermessen im Rahmen seiner Möglichkeiten (soweit erforderlich, nach gesonderter Aufforderung durch den Franchisenehmer) durch Beratung bezüglich der kaufmännischen und werblichen Gestaltung seines FRUTERIA-Geschäftsbetriebes. Im einzelnen erbringt der Franchisegeber folgende Leistungen:

- Aushändigung des Franchisehandbuchs (Das Franchisehandbuch bleibt im Eigentum des Franchisegebers).

- Einweisung des Franchisenehmers im Rahmen einer Einführungsschulung;

- Erstellung von Einrichtungsplänen unter Berücksichtigung der örtlichen Gegebenheiten;

- Hilfe bei der Personaleinstellung und Auswahl;

- Informations- und Erfahrungsaustausch in dafür vorgesehenen Veranstaltungen (Vollversammlungen);

- nach Bedarf die Fortbildung des Franchisenehmers durch Pflichtschulungen;

- Zurverfügungstellung einer Internetseite auf der FRUTERIA Homepage;

- Erfolgskontrolle;

- Jahresgespräch.

(3) Die Einführungsschulung wird vor Eröffnung des FRUTERIA-Geschäftsbetriebes auf Kosten des Franchisegebers durchgeführt. Der

Franchisenehmer trägt seine eigenen Reise-, Übernachtungs- und Verpflegungskosten. Die Einführungsschulung hat unter anderem folgende Inhalte:

- die FRUTERIA Dienstleistungs- und Warenpalette;
- die FRUTERIA Philosophie;
- der FRUTERIA Auftritt;
- die zentrale Marketingplanung und Marketingdurchführung;
- regionale Marketingmaßnahmen;
- die Akquisition strategischer Partner (Cafes, Caterer, Veranstaltungsservices etc.);
- organisatorische und administrative Aufgaben des Geschäftsbetriebs
- die Personalplanung und -beschaffung.

(4) Weitere Pflichtschulungen werden nach den Erfordernissen des FRUTERIA Franchisesystems und nach dem Ermessen des Franchisegebers durchgeführt.

(5) Der Franchisegeber wird Aufträge, die im Vertragsgebiet des Franchisenehmers akquiriert werden, dem Franchisenehmer zur Erfüllung anbieten.

(6) Der Franchisegeber übernimmt die Planung und Durchführung überregionaler Marketingmaßnahmen, wie z.B. Werbung, Public Relations, Veranstaltung von Workshops. Dem Franchisenehmer ist bekannt, daß der Umfang dieser Pflichten des Franchisegebers von dem Aufkommen der Franchisegebühren abhängig ist (daraus folgt unter anderem, daß in der Startphase des Franchisesystems überregionale Marketingmaßnahmen nur in geringem Umfang möglich sind). Darüber hinaus berät der Franchisegeber den Franchisenehmer auf Anforderung bei regionalen Marketingmaßnahmen.

(7) Der Franchisegeber stellt dem Franchisenehmer Vorlagen für Unterlagen, Prospekte und Werbeträger gegen Selbstkosten zur Verfügung. Die Kosten für den Druck übernimmt der Franchisenehmer selber. Organisiert der Franchisegeber einen zentralen Druck für alle Systemteilnehmer, so legt er die entstehenden Kosten um.

(8) Der Franchisegeber gewährt dem Franchisenehmer die Möglichkeit der Nutzung seiner Einkaufsvorteile. Diese beziehen sich vornehmlich auf Werbe- und Verpackungsmaterial. Ein zentraler Einkauf von Obst und anderen Zutaten ist zur Zeit nicht vorgesehen, da die Versorgung vor Ort effizienter ist. Der Franchisegeber kann eine angemessene Gebühr für seinen Aufwand im Rahmen des zentralen Einkaufs und der Abwicklung einbehalten.

(9) Der Franchisegeber kann sich Dritter bedienen, um seine Pflichten zu erfüllen.

§ 3
Stellung und allgemeine Pflichten des Franchisenehmers

(1) Der Franchisenehmer ist wirtschaftlich und rechtlich ein selbständiger Unternehmer. Er handelt im eigenen Namen, auf eigene Rechnung und auf eigene Gefahr. Er ist zur Vertretung des Franchisegebers nicht berechtigt. Bei dem Auftreten als selbständiger Unternehmer im Geschäftsverkehr wird er seine Stellung als Franchisenehmer durch Inhaberzusatz kenntlich machen.

(2) Der Franchisenehmer nutzt die ihm unter § 1 Abs. 2 eingeräumten Rechte im vollem Umfang und mit der Sorgfalt eines ordentlichen Kaufmanns persönlich und unter Einsatz seiner gesamten Arbeitskraft. Dies schließt nicht das Recht auf eine Nebentätigkeit und nicht das Erfordernis zur Beschäftigung von Mitarbeitern aus. Der Franchisenehmer wendet das FRUTERIA Franchisesystem im vollem Umfang entsprechend dem jeweils gültigen Franchisehandbuch und sonstigen Richtlinien und Grundsätzen an.

(3) Der Franchisenehmer nimmt an den Veranstaltungen teil, die dazu dienen, Informationen für die Aufrechterhaltung und Förderung der einheitlichen Systemanwendung zu vermitteln und Erfahrungen auszutauschen (Pflichtschulungen und Vollversammlungen). Die Teilnahme ist im Interesse einer gedeihlichen Entwicklung des FRUTERIA Franchisesystems und der erfolgreichen Betriebsführung für den Franchisenehmer Pflicht. Ist der Franchisenehmer ausnahmsweise verhindert, hat er einen Vertreter zu entsenden. Der Franchisenehmer trägt die Reise-, Übernachtungs- und Verpflegungskosten für Schulungen und Vollversammlungen selber.

(4) Der Franchisenehmer trägt dafür Sorge, daß sein FRUTERIA-Geschäftsbetrieb zu den üblichen Geschäftszeiten mit solchen Mitarbeitern besetzt ist, welche gegenüber den Kunden und Interessenten so auftreten, wie es dem Franchisenehmer persönlich vermittelt wurde.

(5) Regionale Marketing- und Werbemaßnahmen wird der Franchisenehmer stets nur im Vertragsgebiet und ausschließlich in Übereinstimmung mit dem Franchisegeber gestalten. Dabei wird der Franchisenehmer die Vorgaben des Franchisegebers beachten. Der Franchisegeber stellt dem Franchisenehmer hierzu in angemessenem Umfang seine Hilfe zur Verfügung (dies kann abschließend im Rahmen des Franchisehandbuchs geschehen). Der Franchisenehmer verpflichtet sich, einen angemessenen Teil seines Nettoumsatzes für Marketing und Werbung auszugeben. Der Franchisenehmer wird die Maßnahmen auf entsprechende Anforderung des Franchisegebers nachweisen. Der Franchisenehmer führt unabhängig davon eine angemessene Eröffnungswerbung durch. Dabei wird er sich in kollegialer und loyaler Art und Weise auch mit den benachbarten Franchisenehmern abstimmen und – sofern sinnvoll – mit diesen kooperieren.

(6) Da zum Aufbau und zur Marktdurchsetzung Gebietsschutzabreden im Rahmen des Franchisesystems insbesondere unter Berücksichtigung der Funktionsfähigkeit des Systems und der Interessenlage der Franchise-Partner für erforderlich gehalten werden, verpflichtet sich der Franchise-Partner – insoweit als Vertrag mit Schutzwirkung zu Gunsten Dritter - , Produkte und Dienstleistungen nicht in einem anderen Vertragsgebiet aktiv zu vertreiben, welches einem anderen Franchise-Partner zugewiesen oder dem Franchisegeber vorbehalten ist. Der Franchisegeber wird durch geeignete Regelungen in Verträgen mit anderen Franchise-Partnern außerhalb des Vertragsgebietes ein Wettbewerbsverbot zu Gunsten des jeweiligen Franchise-Partners aufnehmen, aufgrund dessen dritte Franchise-Partner verpflichtet sind, jeden Wettbewerb mit Waren und Dienstleistungen des Systems im Vertragsgebiet des Franchise-Partners aufgrund dieses Vertages zu unterlassen.

(7) Der Franchisenehmer erfüllt sämtliche Pflichten auf eigene Kosten, welche der Betrieb eines Unternehmens mit sich bringt.

§ 4

Franchisehandbuch(Richtlinien und Grundsätze), Preisgestaltung

(1) Der Franchisegeber hat Richtlinien und Grundsätze entwickelt, die den Vertragspartnern bei der Entwicklung und der Wahrung des Rufes, der Festigung der Marktstellung und der Bedeutung der Marke FRUTERIA dienen. Diese Richtlinien und Grundsätze sind Gegenstand des Franchisehandbuchs. Das Franchisehandbuch sowie sonstige vom Franchisegeber herausgegebene Richtlinien und Grundsätze, sind (in ihrer jeweiligen Fassung) Bestandteile dieses Vertrages.

(2) Folgendes wird in dem Franchisehandbuch geregelt:

- Art, Umfang und Qualität der vom FRUTERIA Franchisesystem angebotenen Produkte (Dienstleistungen und Waren);

- Art und Weise der Präsentation nach außen;

- Art und Weise des regionalen Marketing durch den Franchisenehmer;

- Ausstattung und Beschaffenheit eines FRUTERIA-Geschäftsbetriebes;

- einheitliche Betriebsabrechnung und Buchhaltung zur Sicherstellung von Betriebsvergleichen und Form der monatlichen Berichte;

- unverbindliche Empfehlungen zu den allgemeinen Geschäftsbedingungen der Franchisenehmer gegenüber den Kunden;

(3) Die Aushändigung des Franchisehandbuchs erfolgt nach Zahlung der Einstiegsgebühr und nicht vor Ablauf von zwei Wochen nach Unterzeichnung des Franchisevertrages. Der Franchisenehmer hat während der Vertragsverhandlungen Einblick in das Franchisehandbuch gehabt. Das Franchisehandbuch steht ihm bis zur Aushändigung jederzeit zur Einsichtnahme in den Räumen des Franchisegebers zur Verfügung.

(4) Der Franchisenehmer ist bei der Festlegung seiner Kunden- bzw. Endpreise frei. Der Franchisegeber kann allerdings im Rahmen der Richtlinien Kalkulationsempfehlungen herausgeben, die marktgerechte Endpreise und betriebswirtschaftliche Notwendigkeiten eines FRUTERIA-Geschäftsbetriebes widerspiegeln.

§ 5

Der Geschäftsbetrieb

(1) Der Franchisenehmer wählt seine Geschäftsräume für die Verkaufsstelle in geeigneter, genügend frequentierter Lage. Der FRUTERIA-Geschäftsbetrieb ist entsprechend den Vorgaben des Franchisegebers hinsichtlich des Gebrauchs der in § 1 aufgeführten Marken, Namen und Geschäftsbezeichnungen und auf Kosten des Franchisenehmers einzurichten, auszustatten und für die Dauer dieses Franchisevertrages zu erhalten. Einzelheiten sind im Franchisehandbuch geregelt.

(2) Die Zutaten für die verkauften Produkte bezieht der Franchisenehmer über eigene Anbieter, wobei er nur Zutaten zumindest mittlerer Art, Güte und Frische verwenden darf. Die Einzelheiten sind im Handbuch geregelt. Die Geschäftsausstattung, insbesondere Verkaufsbehälter und Verpackungsmaterialien, wird der Franchisenehmer nur beim Franchisegeber oder von diesem ausgewählten Lieferanten beziehen.

(3) Der Franchisenehmer wird für den Betrieb seines FRUTERIA-Geschäftsbetriebes erforderliche Genehmigungen auf eigene Kosten einholen.

(4) Der Franchisenehmer wird das gesamte Sortiment des FRUTERIA-Systems anbieten. Nach Absprache mit dem Franchisenehmer können einzelne Produkte aus dem Angebot des Franchisenehmers gestrichen werden. Eventuell angebotene Nebenprodukte dürfen nicht im Widerspruch zu der FRUTERIA-Philosophie stehen und müssen sich in das Bild eines FRUTERIA-Geschäftsbetriebes einfügen. Der Umsatz mit Fremdprodukten darf nicht mehr als 20 % des Warengesamtumsatzes darstellen. Die Ausstellung der Fremdprodukte darf nicht mehr als 10 % der FRUTERIA-Verkaufsstelle einnehmen.

§ 6

Buchhaltung, Berichtspflichten und Kontrollrechte

(1) Der Franchisenehmer richtet seine Buchhaltung entsprechend den Vorgaben im Franchisehandbuch zum Kontenplan und Kontenrahmen ein. Der Franchisenehmer läßt dem Franchisegeber monatlich, spätestens bis zum 10. Werktag des Folgemonats, Berichte zukommen, welche die Umsätze nach Geschäftsfeldern, die Gewinn- und Verlustrechnung sowie Statistiken beinhalten, die vom Franchisegeber für sämtliche FRUTERIA-Geschäftsbetriebe einheitlich angefordert werden (Monatsberichte). Einzelheiten sind im Franchisehandbuch geregelt.

(2) Der Franchisenehmer legt dem Franchisegeber die Bilanz, die Gewinn- und Verlustrechnung sowie die Summen- und Saldenliste des abgelaufenen Geschäftsjahres bis zum 31. 3. des Folgejahres vor, damit eine Kontrolle der vom Franchisenehmer auf Grundlage der bis dahin gemeldeten Umsätze (Monatsberichte), geleisteten Vergütung (Franchisegebühren) und evtl. Marketinggebühren erfolgen kann. Sollte der Franchisenehmer weder die Bilanz noch die Gewinn- und Verlustrechnung auch nach einer entsprechenden Mahnung mit angemessener Nachfristsetzung (mindestens sechs Wochen) vorlegen, ist der Franchisegeber berechtigt, eine Schätzung der laufenden jährlichen Vergütungen und Gebühren vorzunehmen. Etwaige Überzahlungen sind dem Franchisenehmer zu erstatten; etwaige Nachzahlungen sind vom Franchisenehmer unverzüglich zu erbringen, wobei der Franchisegeber berechtigt ist, auch diese vom Konto des Franchisenehmers einzuziehen.

(3) Der Franchisegeber und/oder eine von ihm beauftragte (zur Berufsverschwiegenheit verpflichtete) Person, ist berechtigt, jederzeit Einblick in sämtliche Geschäftsunterlagen des Franchisenehmers zu nehmen. Zur Sicherstellung der einheitlichen Anwendung des FRUTERIA-Franchisesystems bei sämtlichen Franchisenehmern sind der Franchisegeber und seine Beauftragten berechtigt, den FRUTERIA-Geschäftsbetrieb (das Geschäftslokal einschließlich sämtlicher Nebenräume) zu den üblichen Öffnungszeiten zu betreten und die notwendigen Feststellungen zu treffen, wobei vom Franchisenehmer und seinen Mitarbeitern jede vertrags- und sachbezogene Auskunft zu erteilen ist.

(4) Mindestens einmal jährlich findet zwischen den Vertragspartnern ein Gespräch über die bisherigen und geplanten Geschäftsergebnisse und die damit zusammenhängenden Maßnahmen statt (Jahresgespräch).

(5) Der Franchisegeber wird in regelmäßigen Abständen anonyme Betriebsvergleiche erstellen, die sämtlichen Franchisenehmern des FRUTERIA-Franchisesystems und Franchiseinteressenten zur Verfügung stehen. Der Franchisenehmer ist damit einverstanden, daß die von ihm mitgeteilten betriebswirtschaftlichen Daten im Rahmen der Betriebsvergleiche in anonymer Form anderen Personen kenntlich gemacht werden.

§ 7

Gebühren

(1) Eintrittsgebühr: Als Gegenleistung für die Leistungen des Franchisegebers bis zur Eröffnung des FRUTERIA-Geschäftsbetriebes zahlt der Franchisegeber einmalig eine Gebühr in Höhe von 5.000 Euro zuzüglich der gesetzlichen Mehrwertsteuer. Die Eintrittsgebühr ist nach Unterzeichnung des Vertrages fällig.

(2) Laufende Franchisegebühren: Als Gegenleistung für sämtliche Vorteile, die dem Franchisenehmer fortlaufend durch die Vergabe der Franchise, die Einräumung der Rechte und die Gewährung des Gebietsschutzes gewährt werden sowie als Gegenleistung für die laufenden Leistungen des Franchisegebers ab der Eröffnung des FRUTERIA-Geschäftsbetriebes

zahlt der Franchisenehmer eine monatliche Vergütung in Höhe von 3,5 % seines monatlichen Bruttoumsatzes, mindestens jedoch 150 Euro (jeweils zuzüglich der gesetzlichen Mehrwertsteuer). Die Franchisegebühr ist jeweils am 15. Werktag des Folgemonates fällig, erstmals im Monat nach der Eröffnung des FRUTERIA-Geschäftsbetriebes, spätestens jedoch ab dem 13. Monat der Vertragslaufzeit.

(3) Marketinggebühr: Der Franchisegeber kann mit Zustimmung der Mehrheit der Franchisenehmer eine Marketinggebühr von maximal 2% vom monatlichen Bruttoumsatz einführen. Die Marketinggebühren sind vollumfänglich für Marketingmaßnahmen zu verwenden. Der Franchisegeber legt auf Wunsch der Franchisenehmer jährlich Rechenschaft über die Verwendung der Marketinggebühren ab.

(4) Der Franchisenehmer erteilt dem Franchisegeber eine Einzugsermächtigung zum automatischen Einzug der monatlichen Vergütung, Gebühren und der Rechnungen für Verpackungs- und Werbematerial.

(5) Erbringt der Franchisegeber gesonderte Leistungen (z. B. Durchführung von Schulungen durch kommerzielle Trainer etc., so kann eine gesonderte Vergütung hierfür verlangt werden, sofern diese 500 Euro pro Jahr nicht übersteigt und sofern die Kosten marktüblich sind.

§ 8

Geheimhaltung

(1) Sämtliche auf das FRUTERIA Franchisesystem bezogenen Informationen, welche dem Franchisenehmer zur Kenntnis gelangt sind (insbesondere das Franchisehandbuch, sonstige Grundsätze und Richtlinien, schriftliche Anweisungen, der Inhalt der Schulungen und der vorliegende Franchisevertrag), unterliegen der Geheimhaltung.

(2) Die Verpflichtung zur Geheimhaltung gilt auch für die Zeit nach Beendigung des Vertragsverhältnisses.

§ 9

Nebentätigkeits-, Wettbewerbs- und Abwerbeverbote

(1) Nebentätigkeiten des Franchisenehmers sind zulässig, wenn der Franchisenehmer gewährleistet, daß der Betrieb des FRUTERIA-Geschäftsbetriebes nicht beeinträchtigt wird.

(2) Der Franchisenehmer wird sich während der Dauer dieses Vertrages weder mittelbar noch unmittelbar an einem anderen Unternehmen beteiligen oder es erwerben oder es errichten, noch für ein anderes Unternehmen unmittelbar oder mittelbar tätig werden oder dieses in sonst irgendeiner Weise fördern, soweit dieses Unternehmen in Konkurrenz mit dem Franchisegeber steht oder zukünftig stehen könnte. Dieses Wettbewerbsverbot gilt innerhalb und außerhalb des Vertragsgebietes.

(3) In einer gesonderten Urkunde (Anlage 3) haben die Vertragspartner darüber hinaus ein nachvertragliches Wettbewerbsverbot vereinbart.

(4) Der Franchisenehmer darf keinen Mitarbeiter des Franchisegebers oder eines anderen Franchisenehmers im FRUTERIA Franchisesystem mittel- oder unmittelbar abwerben, anstellen oder sonstwie beschäftigen o- der mit diesem in Kontakt treten, es sei denn, der Mitarbeiter ist bereits seit mehr als sechs Monaten aus den Diensten des Franchisegebers oder des anderen Franchisenehmers ausgeschieden. Entsprechendes gilt für den Franchisegeber.

§ 10

Versicherungsschutz und Haftung

(1) Zur Sicherung des Fortbestandes des FRUTERIA-Geschäftsbetriebes hat der Franchisenehmer auf eigene Kosten eine Betriebshaftpflicht-Versicherung abzuschließen und für die Dauer dieses Vertrages aufrecht zu erhalten.

(2) Der Franchisenehmer stellt sicher, daß der Franchisegeber nicht wegen Ansprüche Dritter herangezogen wird, die im Zusammenhang mit dem FRUTERIA-Geschäftsbetrieb und/oder dem Geschäftslokal des Franchisenehmers entstehen. Der Franchisenehmer stellt den Franchisegeber von sämtlichen Ansprüchen frei, die Dritte aus dem Betrieb des Franchisenehmers gegen den Franchisegeber geltend machen. Dies gilt auch für sämtliche gerichtlichen oder außergerichtlichen Kosten, die in diesem Fall zur Wahrung der Rechte des Franchisegebers entstehen. Die Freistellung besteht nicht, wenn die Inanspruchnahme ausschließlich auf der Verletzung vertraglicher oder gesetzlicher Pflichten durch den Franchisegeber beruht.

(3) Der Franchisenehmer betreibt seinen FRUTERIA-Geschäftsbetrieb nach diesem Vertrag auf eigene Rechnung und Gefahr. Der Franchisegeber haftet insbesondere nicht für die Rentabilität des FRUTERIA-Geschäftsbetriebes und hat diesbezüglich keine Zusagen gemacht. Der Franchisenehmer hatte vor Unterzeichnung dieses Vertrages Gelegenheit, den Franchisevertrag, das Franchisehandbuch sowie die wirtschaftlichen Chancen und Risiken des FRUTERIA Franchisesystems durch eine zur Berufsverschwiegenheit verpflichtete Person überprüfen zu lassen. Darüber hinaus hat ihm der Franchisegeber die Gewinn- und Verlustrechnung des Pilotbetriebes seit Eröffnung unverlangt zur Verfügung gestellt.

§ 11

Übertragung der Franchise

Eine Verfügung über einzelne Rechte aus diesem Vertrag in tatsächlicher oder rechtlicher Form sowie die Vergabe von Subfranchisen ist dem Franchisenehmer ohne schriftliche Zustimmung des Franchisegebers nicht gestattet.

§ 12

Vertragsdauer

(1) Der Vertrag tritt (unabhängig von dem Zeitpunkt der Betriebseröffnung) mit seiner Unterzeichnung in Kraft und wird für eine Dauer von fünf Jahren geschlossen (Laufzeit). Der Franchisenehmer hat einseitig das Recht, durch einseitige Erklärung bis sechs Monate vor Ablauf der ersten fünf Jahre des Franchiseverhältnisses den Vertrag zu den gleichen Konditionen um drei weitere Jahre zu verlängern. Nimmt der Franchisenehmer diese Verlängerungsoption nicht wahr, verhandeln die Parteien über eine Verlängerung des Vertrages. Ebenso werden die Parteien nach Ablauf der dreijährigen Verlängerungslaufzeit über eine erneute Verlängerung des Franchiseverhältnisses verhandeln. Sofern die Parteien keine Verlängerung vereinbaren, ist das Franchiseverhältnis beendet.

(2) Zeichnet sich innerhalb der ersten zwölf Monate nach Vertragsschluß ab, daß der Franchisenehmer nicht in der Lage ist, das Unternehmen erfolgreich zu führen, kann der Franchisegeber (auf einen schriftlichen Antrag des Franchisenehmers) den Franchisevertrag lösen. Die laufenden Geschäfte können in diesem Fall von dem Franchisegeber übernommen werden.

§ 13

Kündigung aus wichtigem Grund

(1) Jeder Vertragspartner ist ohne Einhaltung einer Kündigungspflicht zur außerordentlichen Kündigung berechtigt, wenn ein wichtiger Grund vorliegt. Wichtige Gründe für eine außerordentliche Kündigung sind insbesondere:

a) Eröffnung eines Insolvenzverfahrens (oder eines anderen der Schuldenregulierung dienenden gerichtlichen oder außergerichtlichen Verfahrens) über das Vermögen des anderen Vertragspartners oder die Ablehnung der Eröffnung eines solchen Verfahrens mangels Masse;

b) Zahlungsunfähigkeit und Zahlungseinstellung des anderen Vertragspartners;

c) Beschlagnahme, Pfändung oder behördliche Unterverschlußnahme wesentlicher Betriebseinrichtungen des Franchisenehmers, wenn diese Maßnahme länger als 14 Tage andauert;

d) die dauerhafte Einstellung des Betriebes des anderen Vertragspartners;

e) Nichteröffnung des Betriebes des Franchisenehmers innerhalb des unter § 1 Abs. 2 Buchst. c) genannten Eröffnungszeitraums.

f) Eine rechtskräftige Verurteilung des Franchisenehmers wegen eines Vermögensdeliktes.

g) Verletzung des Wettbewerbsverbots durch den Franchisenehmer.

h) Verletzung des Geheimhaltungsgebotes durch den Franchise-nehmer.

i) Zahlungsverzug des Franchisenehmers um mindestens 14 Tage in drei hintereinander liegenden Fällen trotz schriftlicher Mahnung. Durch eine Mahnung zur Zahlung wird das Erfordernis der Abmahnung (Absatz 3) nicht ersetzt.

j) Um mehr als 3 % zu niedrige vorsätzlich falsche Angabe eines Monats- oder Jahresumsatzes durch den Franchisenehmer.

k) Sonstige schwerwiegende und nachhaltige Vertragsverletzungen.

(2) Die Kündigung muß durch eingeschriebenen Brief mit Rückschein erfolgen und ist an die dem Vertragspartner zuletzt bekannte Anschrift zu richten.

(3) Die Vertragspartner beabsichtigen eine dauerhafte und vertrauensvolle Zusammenarbeit. Aus diesem Grund soll einer Kündigung aus wichtigem Grund nach Möglichkeit eine Abmahnung vorausgehen, um dem vertragsuntreuen Partner die Gelegenheit zur Abhilfe zu geben. Im Rahmen der Abmahnung soll der vertragsuntreue Partner eine angemessene Frist erhalten, um den vertragsgemäßen Zustand wieder herzustellen. Das Erfordernis der Abmahnung soll nicht bei besonders schwerwiegenden Vertragsverstößen gelten.

(4) Das Recht der fristlosen Kündigung kann nur binnen zwei Monaten ausgeübt werden, nachdem der Berechtigte von der Kündigungstatsache erstmals Kenntnis erlangt hat.

§ 14

Tod oder Berufsunfähigkeit des Franchisenehmers

Mit dem Tod des Franchisenehmers endet dieser Franchisevertrag. Der Franchisegeber ist bereit, mit den Erben über eine Fortsetzung des Franchisevertrages zu verhandeln, wenn diese die persönlichen und fachlichen Voraussetzungen erfüllen. Entsprechendes gilt im Falle der dauerhaften und vollständigen Berufsunfähigkeit des Franchisenehmers, wenn diese durch einen Amtsarzt festgestellt wurde.

§ 15

Folgen der Beendigung des Franchisevertrages

Bei Beendigung des Franchisevertrages gilt folgendes:

(1) Der Franchisenehmer ist nicht mehr berechtigt, die in § 1 genannten gewerblichen oder geistigen Schutzrechte (insbesondere Marken, Namen, Geschäftsbezeichnungen, Kennzeichen, Merkmale und Urheberrechte) und das Know-how des FRUTERIA Franchisesystems zu gebrauchen und ist außerdem verpflichtet, jeden Hinweis auf das FRUTERIA-Franchisesystem im Zusammenhang mit und aus seinem Geschäftsbetrieb zu entfernen und zukünftig solche Hinweise zu unterlassen. Eintragungen in Telekommunikations- und Branchenverzeichnissen sind zu

ändern. Der Franchisenehmer ist nicht mehr berechtigt, die für das Franchisesystem oder von dem Franchisegeber hergestellten Produkte (Dienstleistungen und Waren) zu vertreiben.

(2) Der Franchisenehmer hat dem Franchisegeber unverzüglich sämtliche mit dem FRUTERIA-Franchisesystem in Zusammenhang stehenden (im Eigentum des Franchisegebers befindlichen) Unterlagen auszuhändigen, insbesondere Franchisehandbuch, sonstige Richtlinien und Grundsätze, Schulungsunterlagen und etwaige zur Nutzung überlassene Betriebssoftware. Ein Pfand- oder Zurückbehaltungsrecht steht dem Franchisenehmer nicht zu.

(3) Der Franchisenehmer unterläßt unverzüglich und dauerhaft die Benutzung von Telefon- und/oder Faxnummern und/oder E-Mail-Adressen, die während der letzten zwölf Monate vor Vertragsbeendigung im Zusammenhang mit seinem FRUTERIA-Geschäftsbetrieb verwendet wurden. Er hat auf Verlangen des Franchisegebers diese Nummern und Adressen löschen zu lassen oder auf den Franchisegeber zu übertragen oder daran mitzuwirken, daß diese auf einen vom Franchisegeber benannten Dritten übertragen werden.

(4) Die Vertragspartner werden das Franchiseverhältnis unter Beachtung der wechselseitigen Treuepflichten einvernehmlich abwickeln. Der Franchisenehmer wird an der Übergabe auf etwaige Nachfolger mitwirken.

§ 16

Belehrung über das Widerrufsrecht

Der Franchisenehmer ist über das ihm zustehende Widerrufsrecht gesondert belehrt worden. Einzelheiten ergeben sich aus der *Anlage 2*.

Es besteht Einigkeit, dass die Belehrung über das Widerrufsrecht nicht die Vereinbarung eines Widerrufrechts darstellt. Der Franchisenehmer ist nur insoweit zum Widerruf berechtigt, wie die gesetzlichen Vorschriften dies vorsehen.

§ 17

Nichtzugehörigkeit zur Scientology-Sekte

Der Franchisenehmer versichert, daß er die Methoden von L. Ron Hubbard zur Führung seines Unternehmens ablehnt und daß er und/oder sein Unternehmen nicht nach diesen Methoden arbeitet. Der Franchisenehmer versichert, daß weder er noch seine Mitarbeiter nach den Methoden des L. Ron Hubbard geschult wurden.

§ 18

Schlußbestimmungen

(1) Falls Bestimmungen dieses Franchisevertrages oder eine künftige in ihm aufgenommene Bestimmung ganz oder teilweise nicht wirksam oder nicht durchführbar sind oder ihre Rechtswirksamkeit oder Durchführbarkeit später verlieren, wird hierdurch die Gültigkeit der anderen Bestimmungen des Vertrages nicht berührt. Das gleiche gilt, falls der Ver-

trag eine Regelungslücke enthält. An der Stelle der unwirksamen oder undurchführbaren Bestimmung oder zur Ausfüllung der Lücke soll diejenige wirksame und durchführbare Regelung gelten, die der unwirksamen oder undurchführbaren Bestimmung bei wirtschaftlicher Betrachtungsweise am besten entspricht. Im Falle einer Regelungslücke soll diejenige wirksame und durchführbare Bestimmung gelten, welche die Vertragspartner nach dem Sinn und Zweck dieses Franchisevertrages vereinbart hätten, sofern sie diesen Regelungspunkt bedacht hätten.

(2) Mündliche Nebenabreden bestehen nicht. Sämtliche Änderungen und Ergänzungen dieses Franchisevertrages und sämtliche das Vertragsverhältnis betreffenden Erklärungen bedürfen der Schriftform. Dies gilt auch für eine Vereinbarung, die das vorliegende Schriftformerfordernis aufhebt. Durch vom Franchisevertrag abweichendes Verhalten werden weder vereinbarte Rechte und Pflichten geändert oder aufgehoben noch neue Rechte und Pflichten begründet.

(3) Die Überschriften zu den einzelnen Vorschriften dieses Vertrages dienen lediglich der besseren Orientierung und haben keinen eigenständigen Regelungsgehalt.

(4) Es gilt das Recht der Bundesrepublik Deutschland.

(5) Erfüllungsort und Gerichtsstand sind, soweit gesetzlich zulässig, der Sitz des Franchisegebers.

§ 19

Liste der Anlagen

Die nachstehend aufgeführten Anlagen sind Bestandteil dieses Franchisevertrages:

Anlage 1   Widerrufsbelehrung (gesondert unterzeichnet)

Anlage 2   Quittung über Widerrufsbelehrung (gesondert unterzeichnet)

Anlage 3   Nachvertragliches Wettbewerbsverbot (gesondert unterzeichnet)

Anlage 4   Ehegattenzustimmung (gesondert unterzeichnen

_____

(Ort, Datum, Unterschrift Franchisenehmer)

_____

(Ort, Datum, Unterschrift Franchisegeber)

Anlage 1 (Widerrufsrecht und Widerrufsbelehrung)

§ 505 BGB

Ratenlieferungsverträge

(1) Dem Verbraucher steht vorbehaltlich des Satzes 2 bei Verträgen mit einem Unternehmer, in denen die Willenserklärung des Verbrauchers auf den Abschluss eines Vertrags gerichtet ist, der

1. die Lieferung mehrerer als zusammengehörend verkaufter Sachen in Teilleistungen zum Gegenstand hat und bei dem das Entgelt für die Gesamtheit der Sachen in Teilzahlungen zu entrichten ist oder

2. die regelmäßige Lieferung von Sachen gleicher Art zum Gegenstand hat oder

3. die Verpflichtung zum wiederkehrenden Erwerb oder Bezug von Sachen zum Gegenstand hat,

ein Widerrufsrecht gemäß § 355 zu.

§ 355 BGB

Widerrufsrecht bei Verbraucherverträgen

(1) Wird einem Verbraucher durch Gesetz ein Widerrufsrecht nach dieser Vorschrift eingeräumt, so ist er an seine auf den Abschluss des Vertrags gerichtete Willenserklärung nicht mehr gebunden, wenn er sie fristgerecht widerrufen hat. Der Widerruf muss keine Begründung enthalten und ist in Textform oder durch Rücksendung der Sache innerhalb von zwei Wochen gegenüber dem Unternehmer zu erklären; zur Fristwahrung genügt die rechtzeitige Absendung.

(2) Die Frist beginnt mit dem Zeitpunkt, zu dem dem Verbraucher eine deutlich gestaltete Belehrung über sein Widerrufsrecht, die ihm entsprechend den Erfordernissen des eingesetzten Kommunikationsmittels seine Rechte deutlich macht, in Textform mitgeteilt worden ist, die auch Namen und Anschrift desjenigen, gegenüber dem der Widerruf zu erklären ist, und einen Hinweis auf den Fristbeginn und die Regelung des Absatzes 1 Satz 2 enthält. Wird die Belehrung nach Vertragsschluss mitgeteilt, beträgt die Frist abweichend von Absatz 1 Satz 2 einen Monat. Ist der Vertrag schriftlich abzuschließen, so beginnt die Frist nicht zu laufen, bevor dem Verbraucher auch eine Vertragsurkunde, der schriftliche Antrag des Verbrauchers oder eine Abschrift der Vertragsurkunde oder des Antrags zur Verfügung gestellt werden. Ist der Fristbeginn streitig, so trifft die Beweislast den Unternehmer.

(3) Das Widerrufsrecht erlischt spätestens sechs Monate nach Vertragsschluss. Bei der Lieferung von Waren beginnt die Frist nicht vor dem Tag ihres Eingangs beim Empfänger. Abweichend von Satz 1 erlischt das Widerrufsrecht nicht, wenn der Verbraucher nicht ordnungsgemäß über sein Widerrufsrecht

belehrt worden ist, bei Fernabsatzverträgen über Finanzdienstleistungen ferner nicht, wenn der Unternehmer seine Mitteilungspflichten gemäß § 312c Abs. 2 Nr. 1 nicht ordnungsgemäß erfüllt hat.

Widerrufsbelehrung

Ich bin darüber unterrichtet worden, dass ich meine auf Abschluss des anliegenden Franchisevertrages vom xxxxx gerichtete Willenserklärung innerhalb von zwei Wochen durch Mitteilung an den Franchisegeber widerrufen kann. Der Widerruf muss schriftlich, per Telefax oder per E-Mail erfolgen. Die Frist zum Widerruf beginnt um 0.00 Uhr des auf die Aushändigung der Widerrufsbelehrung folgenden Tages. Sie endet zwei Wochen später. Fällt der letzte Tag der Frist auf einen Samstag, Sonntag oder gesetzlichen Feiertag, so endet die Widerrufsfrist am darauf folgenden Werktag um 24.00 Uhr. Zur Wahrung der Frist genügt die rechtzeitige Absendung des Widerrufs. Der Widerruf muss keine Begründung enthalten.

Ein etwaiger Widerruf ist zu richten an:

Fruteria, Frau Sibylle Pokrandt
Königstraße 58
23552 Lübeck

Fax:
E-Mail:

_____

(Ort, Datum, Unterschrift des Franchisenehmers)

Anlage 2

Quittung über Widerrufsbelehrung

Hiermit bestätige ich, über das Widerrufsrecht gemäß § 355 BGB in einer gesonderten, von mir unterzeichneten Urkunde, belehrt worden zu sein.

_____

(Ort, Datum Unterschrift des Franchisenehmers)

Anlage 3

Nachvertragliches Wettbewerbsverbot

1. Nach Beendigung des anliegenden Franchisevertrages darf sich der Franchisenehmer

- innerhalb seines Vertragsgebietes und

- für einen Zeitraum von zwölf Monaten nach Beendigung

weder mittelbar noch unmittelbar an einem anderen Unternehmen beteiligen oder es erwerben oder es errichten noch für ein anderes Unternehmen unmittelbar oder mittelbar tätig werden oder dieses in sonst irgendeiner Weise fördern, soweit dieses Unternehmen in Konkurrenz mit dem Franchisegeber steht oder zukünftig stehen könnte.

2. Gemäß den Bestimmungen des anliegenden Franchisevertrages hat der Franchisenehmer für jede schuldhafte Verletzung des vorstehenden nachvertraglichen Wettbewerbsverbotes eine vom Franchisegeber nach billigem Ermessen festzusetzende, im Streitfall von dem zuständigen Gericht zu prüfende Vertragsstrafe zu zahlen.

3. Für die Dauer des Wettbewerbsverbots erhält der Franchisenehmer eine angemessene Entschädigung entsprechend § 90a HGB (wobei das gesetzlich zulässige Minimum vereinbart sein soll), sofern der Franchisegeber nicht wirksam vor Beendigung des Franchisevertrages durch einseitige Erklärung auf das nachvertragliche Wettbewerbsverbot verzichtet hatte. Bei Abgabe dieser Verzichtserklärung gilt die Vereinbarung des nachvertraglichen Wettbewerbsverbotes als nicht bestehend, mit der Folge, daß eine Entschädigung nicht geschuldet ist.

Ein während der Dauer des nachvertraglichen Wettbewerbsverbots vom Franchisenehmer erzielter anderweitiger oder ein böswillig unterlassener Erwerb ist auf

die Wettbewerbsentschädigung in vollem Umfang anzurechnen.

Ergänzend findet die Bestimmung des § 90a HGB Anwendung.

(Ort, Datum, Unterschriften beider Vertragspartner)

_____   _____

Franchisegeber   Franchisenehmer

Ein Exemplar dieser nachvertraglichen Wettbewerbsabrede habe ich ausge-
händigt erhalten

Unterschrift Franchisenehmer

Anlage 4

Ehegattenzustimmung

Frau x (nachfolgend Ehegatte genannt) ist mit Herrn x, der gemäß dem anliegenden Vertrag Franchisenehmer im FRUTERIA Franchisesystem geworden ist,
verheiratet und lebt mit ihm im gesetzlichen Güterstand der Zugewinngemein-
schaft.

Der Ehegatte bestätigt hiermit, ebenso wie der Franchisenehmer über die finanziellen Auswirkungen des Franchisevertrages informiert zu sein und insbesondere den Franchisevertrag daraufhin aufmerksam gelesen und überprüft zu
haben. Der Ehegatte erteilt hiermit seine Zustimmung dazu, daß der Franchise-
nehmer den Franchisevertrag abschließt und damit eventuell Verfügungen über
das gemeinsame Vermögen der Ehegatten vornimmt.

(Ort, Datum, Unterschrift des Ehegatten)

Checkliste zu den vorvertraglichen Aufklärungspflichten der Fruteria

Checkliste zu den vorvertraglichen Aufklärungspflichten

- **Standortanalyse für eine Verkaufsfläche in** _____

  -Einwohnerzahl, Kaufkraft, Altersstruktur, Wettbewerber,

  Lage, Laufkundschaft, Miete, Beschaffung

- **Wirtschaftlichkeitsberechnung**

  -Rentabilitätsberechnung

  -Umsatzplanung

  -Liquiditätsplanung

- **Kosten für den Aufbau einer Fruteria-Bar**

  -Leistungen der Fruteria (Technischer Bedarf,

  Innenausstattung, Kosten für die Aufbauarbeiten)

  -Kosten für externe Dienstleistungen (Handwerker, etc.)

  -Zusätzliche Kosten(Unternehmensanmeldung und Versicherungen)

- **Franchise-Gebühren der Fruteria**

  -Eintrittsgebühr

  -Laufende Gebühren

  -Werbegebühren

- **Leistungen der Fruteria-Zentrale**

Hiermit bestätige ich, dass mir im Rahmen der vorvertraglichen Verhandlungen über eine Systempartnerschaft mit der Fruteria, Informationsmaterialen über die oben genannten Punkte zur Verfügung gestellt wurden.

Name/Vorname:_____

Ort und Datum:_____ Unterschrift:_____

Literaturverzeichnis

Ahlert, M.: Controllingkonzeptionen für Franchisesysteme, in: Ahlert, D. (Hrsg.): Handbuch Franchising & Cooperation: Das Management kooperativer Unternehmensnetzwerke, Neuwied, Kriftel 2001, S. 185-212.

Alznauer-Lesaar, M.: So machen Sie sich als Franchise-Nehmer erfolgreich selbständig: Franchise und Existenzgründung, Würzburg 1995.

Aries, L.: Marketing im Franchising, in: Flohr, E.; Frauenhuber, W.; Liebscher, C.; et al. (Hrsg.): Franchising – Die Königsklasse der Vertriebssysteme: Märkte erobern – Wachstum beschleunigen, 2. völlig überarbeitete Auflage, München, Neuwied, Kriftel, u.a. 2003, S. 170-184.

Arnold, J.: Das Franchise-Seminar: Selbständig mit Partnern, 2., überarbeitete und erweiterte Auflage, München 1997.

Bellone, V.: Der Aufbau einer Marke mittels Franchising, in: Flohr, E. (Hrsg.): Franchising im Wandel: Gedächtnisschrift für Walther Skaupy, München 2003, S. 519-529.

Bellone, V.: Standardisierung von Produkten und Dienstleistungen, in: Nebel, J.; Schulz, A.; Flohr, E. (Hrsg.): Das Franchise-System: Handbuch für Franchisegeber und Franchisenehmer, Köln, München, Neuwied 2003, S. 53-69.

Berger, S.: Das Extranet – innovative Kommunikation in einem Franchisesystem, in: Nebel, J.; Schulz, A.; Flohr, E. (Hrsg.): Das Franchise-System: Handbuch für Franchisegeber und Franchisenehmer, Köln, München, Neuwied 2003, S. 421-430.

Boehm, H.: Systemcontrolling in Franchisesystemen, in : Ahlert, D. (Hrsg.): Handbuch Franchising & Cooperation: Das Management kooperativer Unternehmensnetzwerke, Neuwied, Kriftel 2001, S. 213-233.

Brodersen, T.:	Franchising als Wachstumsstrategie: Modernes Partnership-for-Profit, in: Zentes, J. (Hrsg.): Handbuch Handel, Wiesbaden 2006, S. 299-319.
Bürkele, H.:	Strategie im Franchisesystem: Profil entwickeln, in: Nebel, J.; Schulz, A.; Flohr, E. (Hrsg.): Das Franchise-System: Handbuch für Franchisegeber und Franchisenehmer, Köln, München, Neuwied 2003, S. 43-59.
Bürkele, T.; Posselt, T.:	Die Auswahl produktiver Mitglieder in Franchisesystemen, in : Zeitschrift für betriebswirtschaftliche Forschung, Jg. 55 (2003), Nr. 3, S. 87-112.
Clemens, R.:	Die Bedeutung des Franchising in der Bundesrepublik Deutschland: – Eine Empirische Untersuchung von Franchisenehmern und -systemen –, Stuttgart 1988.
Combs, J.; Ketchen, D.:	Why do firms use franchising as an Entrepreneurial Strategy?: A Meta-Analysis, in: Journal of Management, Jg. 29 (2003), Nr. 3, S. 443-465.
Dieses, P.:	Zukunft des Franchising in Deutschland: Analyse von Be- schäftigungspotenzialen mit Vorschlägen für verbesserte Wachstumsbedingungen, Diss. Frankfurt/Main 2003.
Ditges, F.:	Franchising: Die Partnerschaftsform mit System – Ein Leitfaden zur ersten Orientierung, 2. Auflage, Berlin 2005.
Erdmann, G.:	Vorvertragliche Aufklärungs- und Offenlegungspflichten bei Franchiseverträgen nach deutschem Recht, in: Flohr, E. (Hrsg.): Franchising im Wandel: Gedächtnisschrift für Walther Skaupy, München 2003, S. 49-68.
Eßer, G.:	Franchising: Der Franchise-Vertrag im Lichte der Recht- sprechung, 2., ergänzte Auflage, Köln 1995.
Flohr, E.:	Recht & Praxis: Franchise im Recht, in: Der Handel, Nr. 07/08, v. 11.07.2007, S. 84.
Flohr, E.:	Franchise-Vertrag, 3. überarbeitete Auflage, München 2006.

Flohr, E.:	Die konkreten Auswirkungen der neuen europäischen Gruppenfreistellungsverordnung auf Vertragsgestaltung und Vertragspraxis beim Franchising, in: Ahlert, D. (Hrsg.): Handbuch Franchising & Cooperation: Das Management kooperativer Unternehmensnetzwerke, Neuwied, Kriftel 2001, S. 339-359.
Floyd, C.; Fenwick, G.:	Towards a Model of Franchise System Development, in: Hoy, F.; Stanworth, J. (Hrsg.): Franchising: An International Perspective, London, New York 2003, S. 188-207.
Forward, J.; Fulop, C.:	Elements of a Franchise: The Experiences of Established Firms, in: The Service and Industrial Journal, Jg. 13 (1993), Nr. 4, S. 159-178.
Frauenhuber, W.:	Die Prozesse in einem Franchisesystem, in: Flohr, E.; Frauenhuber, W.; Liebscher, C.; et al. (Hrsg.): Franchising – Die Königsklasse der Vertriebssysteme: Märkte erobern – Wachstum beschleunigen, 2. völlig überarbeitete Auflage, München, Neuwied, Kriftel, u.a. 2003, S. 139-143.
Frauenhuber, W.:	Führung in Franchisesystemen, in: Ahlert, D. (Hrsg.): Handbuch Franchising & Cooperation: Das Management kooperativer Unternehmensnetzwerke, Neuwied, Kriftel 2001, S. 151-161.
Friedemann, J.:	Vom Stadtrand in die Innenstädte, in: Frankfurter Allgemeine Zeitung, Nr. 291, v. 30.01.2008, S. 41.
Fuchs, W.; Unger, F.:	Management der Markenkommunikation, 4. überarbeitete Auflage, Berlin, Heidelberg, New York 2007.
Gappa, R.:	Creating an Effective Operations Manual: A „How-To" Guide, in: Franchising World, Jg. 39 (2007) Nr. 3, S. 91-95.
Görlich, Y.:	Arbeitsproben, in: Schuler, H.; Sonntag, K. (Hrsg.): Handbuch der Arbeits- und Organisationspsychologie, Göttingen, Bern, Wien, u.a. 2007, S. 468-474.
Gross, H.; Skaupy, W.:	Franchising in der Praxis: Fallbeispiele und rechtliche Grundlagen, Düsseldorf, Wien 1976.

Hanrieder, M.:	Franchising Planung und Praxis: Erfolgsorientiertes Arbeiten mit und im Partner-Systemen, Neuwied 1991.
Herzberg, U.:	Mein Business-Plan: Strategisch Planen – Erfolge präsentieren, 3., aktualisierte Auflage, Freiburg/i.Br. 2005.
Hillenhinrichs, T.:	Controlling-Konzeption für Franchisesysteme, in: Nebel, J.; Schulz, A.; Flohr, E. (Hrsg.): Das Franchise-System: Handbuch für Franchisegeber und Franchisenehmer, Köln, München, Neuwied 2003, S. 176-190.
Hofer, Sandra.:	Zukunftstrend Franchising: Von der Idee zum eigenen System, Saarbrücken 2007.
Holler, G.:	Rechnungswesen und Finanzierung, in: Flohr, E.; Frauenhuber, W.; Liebscher, C.; et al. (Hrsg.): Franchising – Die Königsklasse der Vertriebssysteme: Märkte erobern – Wachstum beschleunigen, 2. völlig überarbeitete Auflage, München, Neuwied, Kriftel, u.a. 2003, S. 121-130.
Holmberg, S.; Morgan, K.:	Entrepreneurial Global Franchise Ventures: US and European Franchisee Failure Strategic And Empirical Perspectives, in: The International Entrepreneurship and Management Journal, Jg. 3 (2007), Nr. 4, S. 379-401.
Jungmichel, G.; Glossar, H.; Lindstam, S.:	Franchisenehmer auswählen und gewinnen, in: Nebel, J.; Schulz, A.; Flohr, E. (Hrsg.): Das Franchise-System-Handbuch für Franchisegeber und Franchisenehmer, Köln, München, Neuwied 2003, S. 285-292.
Kaub, E.:	Franchising in der Gastronomie: Was steckt dahinter? – Zahlen – Fakten – Hintergründe –, München 1995.
Kaub, E.:	Franchise-Systeme in der Gastronomie, Diss. Saarbrücken 1980.
Kiekenapp, A.:	Qualifying and Matching Candidates, in: Franchise World Jg. 38 (2006), Nr. 11, S. 22-25.

Kieser, W.:	Zweck und Aufgabe der Systemzentrale, in: Flohr, E.; Frauenhuber, W.; Liebscher, C.; et al. (Hrsg.): Franchising – Die Königsklasse der Vertriebssysteme: Märkte erobern – Wachstum beschleunigen, 2. völlig überarbeitete Auflage, München, Neuwied, Kriftel, u.a. 2003, S. 130-170.
Knigge, J.:	Franchise-Systeme im Dienstleistungssektor, Berlin 1973.
Koski, J.:	The Bulletproof Operations Manual, in: Franchise World Jg. 35 (2003), Nr. 4, S. 36-37.
Kotler, P.; **Bliemel, F.:**	Marketing-Management: Analyse, Planung, Umsetzung und Steuerung, 9. überarbeitete und aktualisierte Auflage, Stuttgart 1999.
Kubitschek, C.:	Franchising: Effizienzvergleich mit anderen Vertriebsformen, Wiesbaden 2000.
Kunkel, M.:	Franchising und asymmetrische Informationen: Eine institutionenökonomische Untersuchung, Diss. Wiesbaden, 1994.
Kutta, D.; **Mühlhaus, K.:**	Gründung und Franchising 2007/2008: Erfolgreich selbstständig, Göttingen 2005.
Lang, H.:	Franchising in der Krise?, in: Flohr, E. (Hrsg.): Franchising im Wandel: Gedächtnisschrift für Walther Skaupy, München 2003, S. 251-257.
Latzel, S.:	Lübeck streitet um Passantenstopper, Lübecker Nachrichten, http://www.ln-online.de/lokales/ 2285923, 20.01.2008, o.S.
Lee, J.:	Marketing Strategies to Enhance a Franchise System's Expansion, in: Franchise World, Jg. 38 (2006), Nr. 11, S. 30-31.
Lippert, W.:	Praxis-Handbuch Existenzgründung: Standortwahl – Rechtsformen – Finanzierung – Steuern – Versicherungen – Buchführung – Marketing mit Sonderkapitel „Freie Mitarbeit" und „Franchising", Niederhausen/Ts. 1998.

Markmann, F.; **Olesch, G.:**	Franchisesysteme und Verbundsgruppen – ein Vergleich von Struktur und Strategie, in: Ahlert, D. (Hrsg.): Handbuch Franchising & Cooperation: Das Management kooperativer Unternehmensnetzwerke, Neuwied, Kriftel 2001, S. 107-137.
Martinek, M.:	Standortanalyse und Wirtschaftlichkeitsberechnung für Franchisebetriebe, in: Flohr, E. (Hrsg.): Franchising im Wandel: Gedächtnisschrift für Walther Skaupy, München 2003, S. 241-251.
Martinek, M.:	Franchising: Grundlagen der zivil- und wettbewerbsrechtlichen Behandlung der vertikalen Gruppenkooperation beim Absatz Waren und Dienstleistungen, Heidelberg 1987.
Meffert, H.; **Meurer, J.:**	Der Franchisegeber als Steuermann, in: Nebel, J.; Schulz, A.; Flohr, E. (Hrsg.): Das Franchise-System: Handbuch für Franchisegeber und Franchisenehmer, Köln, München, Neuwied 2003, S. 555-570.
Meffert, H.:	Marketing: Grundlagen marktorientierter Unternehmensführung; Konzepte – Instrumente – Praxisbeispiele mit neuer Fallstudie VW, 9., überarbeitete und erweiterte Auflage, Wiesbaden 2000.
Meier, H.:	Finanzierung des Franchisebetriebes, in: Nebel, J.; Schulz, A.; Flohr, E. (Hrsg.): Das Franchise-System: Handbuch für Franchisegeber und Franchisenehmer, Köln, München, Neuwied 2003, S. 303-315.
Mendelsohn, M.:	The Guide to Franchising, 4. Auflage, Oxford, New York, Toronto, u.a. 1985.
Meurer, J.:	Führung von Franchisesystemen: Führungstypen – Einflußfaktoren – Verhaltens- und Erfolgswirkungen, Diss. Wiesbaden, Münster 1997.
Meztlaff, K.:	Typischer Inhalt eines Franchise-Vertrages, in: Derselbe (Hrsg.): Praxishandbuch Franchising, München 2003, S. 43-214.
Nebel, J.:	Outsourcing im Franchisesystem, in: Nebel, J.; Schulz, A.; Flohr, E. (Hrsg.): Das Franchisesystem: Handbuch für Franchisegeber und Franchisenehmer, 3. aktualisierte und erweiterte Auflage, Köln, München, Neuwied 2003, S. 496-499.

Nebel, J.: Errichtung und Leistungen der Systemzentrale, in: Nebel, J.; Schulz, A.; Flohr, E. (Hrsg.): Das Franchisesystem: Handbuch für Franchisegeber und Franchisenehmer, 3. aktualisierte und erweiterte Auflage, Köln, München, Neuwied 2003, S. 213-225.

Nebel, N.: Die Marketingkonzeption, in: Flohr, E.; Frauenhuber, W.; Liebscher, C.; et al. (Hrsg.): Franchising – Die Königsklasse der Vertriebssysteme: Märkte erobern – Wachstum beschleunigen, 2. völlig überarbeitete Auflage, München, Neuwied, Kriftel u.a. 2003, S. 105-135.

Nebel, J.; Die Gremien des Franchisesystems, in: Nebel, J.;
Gajewski, K.: Schulz, A.; Flohr, E. (Hrsg.): Das Franchisesystem: Handbuch für Franchisegeber und Franchisenehmer, 3. aktualisierte und erweiterte Auflage, Köln, München, Neuwied 2003, S. 441-461.

Olesch, G.; Das Management von Verbundgruppen: Mit exzel-
Ewig, H.: lenten Strategien zum Erfolg – Wege zur Systemführerschaft, Neuwied, Köln, München 2003.

OLG Düsseldorf: Urteil vom 13.12.2006, VI-U (Kart) 36/05, http://www.franchiserecht.de, 21.08.2008, o.S.

OLG München: Urteil vom 16.09.1993, 6 U 5495/92, http://www.franchiserecht.de, 21.01.2008, o.S.

o.V.: Wellfood: „Gesunde Ernährung" liegt bei Verbraucherwünschen voll im Trend, Bundesvereinigung deutscher Ernährungsindustrie, http://www.bve-online.de/markt_und_statistik/ marktinformationen/ lebensmitteltrends/consumers _choice _anuga07/, 02.01.2008, S. 1.

o.V.: Der Franchise-Vertrag, Franchise Starter, http://www.franchisestarter.de/362.0.html, 21.12.2007, o.S.

o.V.: Kundenbeziehungsmanagement, http://de.wikipediaorg/wiki/Kundenbeziehungsmanagement, 23.01.2008, o.S.

o.V.: European Code of Ethics for Franchising, European Franchise Association, http://www.efffranchise.com/selfandregulation.htm, 11.11.2007, o.S.

o.V.: Existenzgründung mit System: Ein Leitfaden des Deutschen Franchise-Verbandes e.V., http://www.dfv-franchise.de, 13.11.2007, S. 1-35.

o.V.: Ethikkodex für Mitglieder und assoziierte Mitglieder des Deutschen Franchise-Verbandes e.V., http://www.dfv-franchise, 13.11.2007, S. 1-5.

o.V.: Info-Paket des Deutschen Franchise-Verband e.V., DFV, http://www.dfvfranchise.com/wcms/Clients/138200320121715/Documents/671/DFV%20%20Das%20Infopaket.pdf, 23.01.2008, S. 1-27.

o.V.: Gesetz über den Schutz von Marken und sonstigen Kennzeichen: Markengesetz, Bundesministerium für Justiz, http://www.gesetze-iminternet.de/ markeng/index.html, 07. 01.2008, S. 6.

o.V.: Saftladen startet mit Master-Franchise in Deutschland, franchise-net, http://www.franchise-net.de/franchise-franchising/Informationen/News-Archiv/Archiv_12.02.2007/E11016.htm?b=1, 04.02.2008, o.S.

o.V.: Deutsche mit hohem Saftkonsum, Deutsche Botschaft,http://www.germany.info/relaunch/info/publications/d_nachrichten/2005/050531/wi3.html, 02.01.2008, o.S.

o.V.: Nie waren Marken wichtiger als heute, in: Acquisa, Jg. 09 (2002), S. 18.

Paffrath, S.: Förderungsangebote der Deutschen Ausgleichsbank für Existenzgründer in Franchisesystemen, in: Metzlaff, K. (Hrsg.): Praxishandbuch Franchising, München 2003, S. 911-923.

Pauli, K.: Franchising, 2. Auflage, Düsseldorf, Wien, New York, u.a. 1992.

Rothenburg, A.: A Fresh Look at Franchising, in: Journal of Marketing, Jg. 31 (1967), Nr. 3, S. 52-54.

Saleh, S.; Kleiner, B.: Effective Franchise Management, in: Management Research News, Jg. 28 (2005), Nr. 2/3, S. 74-79.

Schneider, W.: Marketing, Heidelberg 2007.

Schulz, A.:	Internationalisierung von Franchisesystemen, in: Flohr, E.; Frauenhuber, W.; Liebscher, C.; et al. (Hrsg.): Franchising – Die Königsklasse der Vertriebssysteme: Märkte erobern – Wachstum beschleunigen, 2. völlig überarbeitete Auflage, München, Neuwied, Kriftel, u.a. 2003, S. 331-450.
Schulz, A.; **Wessels, A.;** **Braeuninger-** **Weimerer, R.:**	Streit beilegen oder Streit austragen, in: Nebel, J.; Schulz, A.; Flohr, E. (Hrsg.): Das Franchise-System: Handbuch für Franchisegeber und Franchisenehmer, Köln, München, Neuwied 2003, S. 393-413.
Scott, F.:	Franchising vs. Company Ownership as a Decision Variable of Firm, in: Review of Industrial Organization, Jg. 10 (1995), Nr. 1, S. 69-81.
Shane, S.:	Making New Franchise Systems Work, in: Strategic Management Journal, Jg. 19 (1998), Nr. 7, S. 697-707.
Shelby, H.:	Franchising: Promises, Problems, Prospects, in: Hoy, F.; Stanworth, J. (Hrsg.): Franchising: An International Perspective, London, New York 2003, S. 127-142.
Shelby, H.; **John, N.:**	Power in a Channel of Distribution: Sources and Consequences, in: Hoy, F.; Stanworth, J. (Hrsg.): Franchising: An International Perspective, London, New York 2003, S. 103-125.
Shivell, K.; **Banning, K.:**	Running a Successful Franchise: A nuts-and-bolts guide to operating a franchise business, New York, San Francisco, Washington/D.C., u.a. 1993.
Skaupy, W.:	Franchising: Handbuch für die Betriebs- und Rechtspraxis, 2., neu bearbeitete Auflage, München 1995.
Stanworth, J.; **Stanworth, C.;** **Watson, A.; et al.:**	Franchising as a Small Business Growth Strategy, in: International Small Business Journal, Jg. 22 (2004), Nr. 6, S. 539-559.
Stein, G.:	Franchisingnetzwerke im Dienstleistungsbereich: Management und Erfolgsfaktoren, Diss. München, Wiesbaden 1996.
Strenk, T.:	Buy my Franchise, in: Restaurant Business, Vol. 12 (2007), S. 27-29.
Sydow, J.; **Kloyer, M.:**	Managementpraktiken in Franchisenetzwerken: – Erkenntnisse aus sechs Fallstudien, Wuppertal 1995.

Theurl, T.:	Die Kooperation von Unternehmen: Facetten der Dynamik, in: Ahlert, D. (Hrsg.): Handbuch Franchising & Cooperation: Das Management kooperativer Unternehmensnetzwerke, Neuwied, Kriftel 2001, S. 73-91.
Thunig, C.:	Unternehmerische Aspekte des Franchising, in: Metzlaff, K. (Hrsg.): Praxishandbuch Franchising, München 2003, S. 1049-1074.
Tietz, B.:	Zukunftsstrategien für Handelsunternehmen, Bd. 3, Frankfurt/Main 1993.
Tomzack, M.:	Tips & Traps when buying a Franchise, New York, San Francisco, Washington/D.C., u.a. 1994.
Tuuanen, M.; **Hyrsky, K.:**	Entrepreneurial Paradoxes in Business Format Franchising, in: International Small Business Journal, Vol. 19 (2001), Nr. 4, S. 47-61.
Vortmann, J.:	Franchiseverträge: Entscheidungskriterien und Muster für das Franchising, 3., überarbeitete Auflage, München 1992.
Watson, A.; **Stanworth, J.:**	Franchising and intellectual capital: A Franchisee's perspective in: Entrepreneurship Management, Vol. 2 (2006), Nr. 3, S. 337-349.
Wessels, A.; **Flohr, E.:**	Erkennungszeichen des Franchisesystems: Die Marke, in: Nebel, J.; Schulz, A.; Flohr, E. (Hrsg.): Das Franchise-System: Handbuch für Franchisegeber und Franchisenehmer, Köln, München, Neuwied 2003, S. 72-79.
Wessels, A.; **Schulz, A.:**	Schneller, höher, weiter: Regionale Entwicklung beschleunigen, in: Nebel, J.; Schulz, A.; Flohr, E. (Hrsg.): Das Franchise-System: Handbuch für Franchisegeber und Franchisenehmer, Köln, München, Neuwied 2003, S. 574-578.
Wildhaber, C.:	Franchising als Wachstumsstrategie, in: Flohr, E.; Frauenhuber, W.; Liebscher, C.; et al. (Hrsg.): Franchising – Die Königsklasse der Vertriebssysteme: Märkte erobern –Wachstum beschleunigen, 2. völlig überarbeitete Auflage, München, Neuwied, Kriftel, u.a. 2003, S. 21-50.

Wildhaber, C.:   Partners for Profit: Vertragliche Aspekte im Franchising, in: Frei, M.; Utz-Stillhard, G.: Franchising: Die Schlüsselfertige Existenzgründung, Idstein 1993, S. 303-317.

Withane, S.:   Franchising in Perspective: An Examination Of Canadian Franchisee Behaviour, http://www.sbaer.uca.edu/ research/sbida/1989/PDF/29.pdf, 21.01.2008, o.S.

\